Utilize este código QR para se cadastrar de forma mais rápida:

Ou, se preferir, entre em:

**www.moderna.com.br/ac/livroportal**

e siga as instruções para ter acesso aos conteúdos exclusivos do

**Portal e Livro Digital**

CÓDIGO DE ACESSO:

**A 00123 ARPART2E 8 38179**

Faça apenas um cadastro. Ele será válido para:

# Da semente ao livro,
## sustentabilidade por todo o caminho

### Plantar florestas
A madeira que serve de matéria-prima para nosso papel vem de plantio renovável, ou seja, não é fruto de desmatamento. Essa prática gera milhares de empregos para agricultores e ajuda a recuperar áreas ambientais degradadas.

### Fabricar papel e imprimir livros
Toda a cadeia produtiva do papel, desde a produção de celulose até a encadernação do livro, é certificada, cumprindo padrões internacionais de processamento sustentável e boas práticas ambientais.

### Criar conteúdos
Os profissionais envolvidos na elaboração de nossas soluções educacionais buscam uma educação para a vida pautada por curadoria editorial, diversidade de olhares e responsabilidade socioambiental.

### Construir projetos de vida
Oferecer uma solução educacional Moderna é um ato de comprometimento com o futuro das novas gerações, possibilitando uma relação de parceria entre escolas e famílias na missão de educar!

Taciro Comunicação, Alexandre Santana e Estúdio Pingado

Apoio:
www.twosides.org.br

Fotografe o Código QR e conheça melhor esse caminho.
Saiba mais em **moderna.com.br/sustentavel**

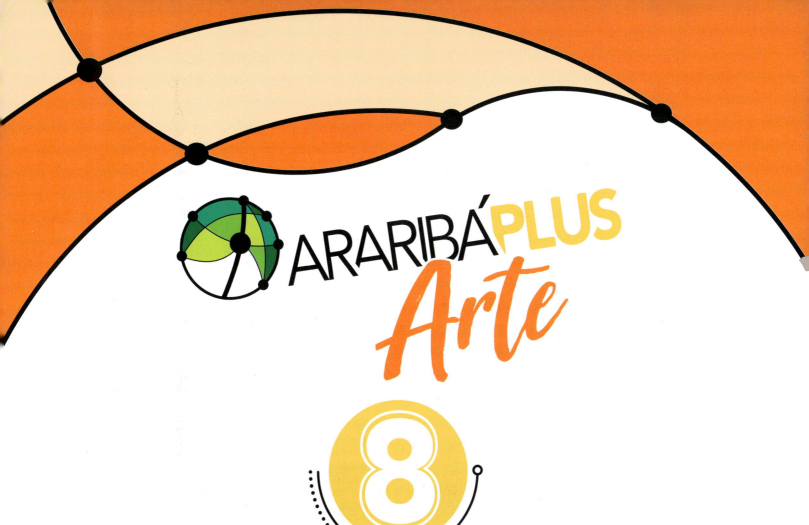

# ARARIBÁ PLUS Arte

## 8

**Organizadora: Editora Moderna**
Obra coletiva concebida, desenvolvida e produzida pela Editora Moderna.

**Editor responsável:**
Denis Rafael Pereira

Acompanha um CD de áudio.
Não pode ser vendido separadamente.

2ª edição

**Elaboração dos originais:**

**Denis Rafael Pereira**
Licenciado em História pela Faculdade de Ciências e Letras da Fundação Municipal de Ensino Superior de Bragança Paulista (SP). Licenciado em Pedagogia pelo Centro Universitário de Araras "Dr. Edmundo Ulson". Especialização em Artes Visuais, Intermeios e Educação pelo Instituto de Artes da Universidade Estadual de Campinas. Foi assessor técnico-pedagógico da Prefeitura de Itatiba (SP). Foi coordenador pedagógico da Prefeitura de Itatiba (SP) e da rede Sesi-SP. Editor.

**Flávia Delalibera Iossi**
Licenciada em Educação Artística, com habilitação em Artes Plásticas, pela Faculdade Santa Marcelina (SP). Editora.

**Alexandra Contocani**
Licenciada em Pedagogia pela Universidade de São Paulo. Arte-educadora.

**Ana Sharp**
Licenciada e bacharela em Dança e Movimento pela Universidade Anhembi Morumbi (SP). Professora e bailarina.

**Filipe Brancalião Alves de Moraes**
Licenciado em Educação Artística, com habilitação em Artes Cênicas, e mestre em Artes (área de concentração: Pedagogia do Teatro) pela Escola de Comunicações e Artes da Universidade de São Paulo. Professor e ator.

**Gabriel Kolyniak**
Licenciado em Letras, com habilitação em Português, pela Pontifícia Universidade Católica de São Paulo. Editor.

**Marcelo Cabarrão Santos**
Bacharel em Artes Cênicas pela Faculdade de Artes do Paraná. Mestre em Educação pela Universidade Federal do Paraná. Professor e orientador de grupos teatrais.

**Maria Helena Wagner Rossi**
Doutora em Educação pela Universidade Federal do Rio Grande do Sul. Professora do curso de Artes Visuais da Universidade de Caxias do Sul (RS).

**Maria Lyra**
Licenciada em Teatro e mestra em Artes (modalidade: Teatro) pela Universidade Federal de Uberlândia (MG). Pesquisadora e professora de Teatro.

**Maria Selma de Vasconcelos Cavalcanti**
Bacharela em Jornalismo pela Universidade Católica de Pernambuco. Editora.

**Marisa Szpigel**
Licenciada em Educação Artística, com habilitação em Artes Plásticas, pela Fundação Armando Álvares Penteado (SP). Professora e formadora de professores de Arte.

**Nilza Ruth da Silva**
Licenciada em Educação Artística, com habilitação em Artes Plásticas, pela Faculdade de Belas Artes de São Paulo. Especialista em Arte e Educação pela Escola de Comunicações e Artes da Universidade de São Paulo. Professora de Arte da ETEC Getúlio Vargas (SP).

**Priscilla Vilas Boas**
Bacharela e licenciada em Dança pela Universidade Estadual de Campinas. Mestra em Educação (área: Educação, Conhecimento, Linguagem e Arte) pela Universidade Estadual de Campinas. Artista-professora da Escola Municipal de Iniciação Artística (EMIA) da Prefeitura Municipal de São Paulo (SP).

**Rafael Kashima**
Bacharel e licenciado em Música pela Universidade Estadual de Campinas. Mestre em Música (área: Fundamentos Teóricos) pela Universidade Estadual de Campinas. Pesquisador e professor de Música.

**Raquel Zichelle**
Licenciada em Arte - Teatro pelo Instituto de Artes da Universidade Estadual Paulista "Júlio de Mesquita Filho". Atriz e arte-educadora. Professora de Artes na rede estadual de ensino de São Paulo.

**Silvia Cordeiro Nassif**
Bacharela em Música e doutora em Educação (área: Educação, Conhecimento, Linguagem e Arte) pela Universidade Estadual de Campinas. Professora do Departamento de Música da Universidade Estadual de Campinas. Pesquisadora.

**Verônica Veloso**
Licenciada em Educação Artística, com habilitação em Artes Cênicas, pela Escola de Comunicações e Artes da Universidade de São Paulo. Mestra e doutora em Artes (área de concentração: Pedagogia do Teatro) pela Escola de Comunicações e Artes da Universidade de São Paulo. Atuou como professora universitária e na formação de atores. Artista de teatro e *performer*.

---

**Imagens da capa**
A mesa de som e iluminação é fundamental na encenação de uma peça de teatro musical, como na apresentação de *A ilha do tesouro*, em Moscou, Rússia, em 2012.

---

© Editora Moderna, 2018

**MODERNA**

**Coordenação editorial:** Denis Rafael Pereira
**Edição de texto:** Denis Rafael Pereira, Tatiana Pavanelli Valsi, Sandra Maria Ferraz Brazil, Flávia Delalibera Iossi, Adriana C. Bairrada, Maria Selma de Vasconcelos Cavalcanti, Geuid Dib Jardim, Sidnei Santos de Oliveira
**Assistência editorial:** Erik Teixeira dos Santos
**Preparação de texto:** Tatiana Pavanelli Valsi, Sandra Maria Ferraz Brazil, Adriana C. Bairrada, Maria Selma de Vasconcelos Cavalcanti
**Gerência de *design* e produção gráfica:** Sandra Botelho de Carvalho Homma
**Coordenação de produção:** Everson de Paula, Patricia Costa
**Suporte administrativo editorial:** Maria de Lourdes Rodrigues
**Coordenação de *design* e projetos visuais:** Marta Cerqueira Leite
**Projeto gráfico e capa:** Daniel Messias, Otávio dos Santos
**Pesquisa iconográfica para capa:** Daniel Messias, Otávio dos Santos, Bruno Tonel
*Fotos:* Atores em cena do teatro musical *A ilha do tesouro*, em Moscou, Rússia, em 2012. Pavel L Photo and Video/Shutterstock. Mesa de som e iluminação. MB Images/Shutterstock.
**Coordenação de arte:** Carolina de Oliveira
**Edição de arte:** Iara Susue Rikimaru
**Áudio:** Núcleo – Serviços Audiovisuais LTDA. – EPP (faixas: 01, 04, 05, 07, 08, 09, 10, 11, 12, 13, 14, 17, 18, 19)
**Editoração eletrônica:** MRS Editorial
**Coordenação de revisão:** Elaine C. del Nero
**Revisão:** Érika Kurihara, Fernanda Guerriero, Nancy H. Dias, Renata Palermo
**Coordenação de pesquisa iconográfica:** Luciano Baneza Gabarron
**Pesquisa iconográfica:** Vanessa Manna, Gabriela Araújo
**Coordenação de *bureau*:** Rubens M. Rodrigues
**Tratamento de imagens:** Fernando Bertolo, Joel Aparecido, Luiz Carlos Costa, Marina M. Buzzinaro
**Pré-impressão:** Alexandre Petreca, Everton L. de Oliveira, Marcio H. Kamoto, Vitória Sousa
**Coordenação de produção industrial:** Wendell Monteiro
**Impressão e acabamento:** Esdeva Indústria Gráfica Ltda.
**Lote:** 288792

---

**Dados Internacionais de Catalogação na Publicação (CIP)**
**(Câmara Brasileira do Livro, SP, Brasil)**

Araribá plus : arte / organizadora Editora Moderna ; obra coletiva concebida, desenvolvida e produzida pela Editora Moderna ; editor responsável Denis Rafael Pereira. – 2. ed. – São Paulo : Moderna, 2018.

Obra em 4 v. para alunos do 6º ao 9º ano.
Bibliografia.
Inclui CD.

1. Arte (Ensino fundamental) I. Pereira, Denis Rafael.

18-18004                        CDD-372.5

**Índices para catálogo sistemático:**
1. Arte : Ensino fundamental    372.5
Maria Alice Ferreira – Bibliotecária – CRB-8/7964

ISBN 978-85-16-11424-4 (LA)
ISBN 978-85-16-11425-1 (LP)

Reprodução proibida. Art. 184 do Código Penal e Lei 9.610 de 19 de fevereiro de 1998.
Todos os direitos reservados
**EDITORA MODERNA LTDA.**
Rua Padre Adelino, 758 – Belenzinho
São Paulo – SP – Brasil – CEP 03303-904
Vendas e Atendimento: Tel. (0_ _11) 2602-5510
Fax (0_ _11) 2790-1501
www.moderna.com.br
2020
Impresso no Brasil

1 3 5 7 9 10 8 6 4 2

# APRESENTAÇÃO

*"Todas as artes contribuem para a maior de todas as artes, a arte de viver."*
Brecht

A arte está mais presente em nosso cotidiano do que imaginamos. Basta olharmos ao redor e perceberemos que a arte está presente em aspectos do dia a dia, como na música que gostamos de ouvir, nas cores e modelos de roupas que vestimos, nos filmes e programas de televisão a que assistimos etc.

Neste livro, você terá a oportunidade de estudar quatro linguagens artísticas: as Artes Visuais, a Dança, a Música e o Teatro. Além de apreciar obras dessas quatro linguagens, você vai conhecer as produções de diferentes artistas e seus contextos e aprender a produzir suas próprias obras.

Este livro também busca promover a formação de atitudes para a vida, com propostas que o ajudarão a resolver problemas de forma reflexiva, crítica e colaborativa e a aprender continuamente.

Nesta reformulação, a obra foi reprogramada de acordo com as habilidades e objetos de conhecimento estabelecidos pela BNCC (Base Nacional Comum Curricular).

Esperamos que este livro desperte ainda mais seu interesse pelas artes e que contribua com a formação de seu repertório cultural.

*Ótimo estudo!*

# ATITUDES PARA A VIDA

## 11 ATITUDES MUITO ÚTEIS PARA O SEU DIA A DIA!

*As Atitudes para a vida trabalham competências socioemocionais e nos ajudam a resolver situações e desafios em todas as áreas, inclusive no estudo de Arte.*

### 1. Persistir
Se a primeira tentativa para encontrar a resposta não der certo, **não desista**, busque outra estratégia para resolver a questão.

### 2. Controlar a impulsividade
**Pense antes de agir. Reflita** sobre os caminhos que pode escolher para resolver uma situação.

### 3. Escutar os outros com atenção e empatia
**Dar atenção e escutar os outros** são ações importantes para se relacionar bem com as pessoas.

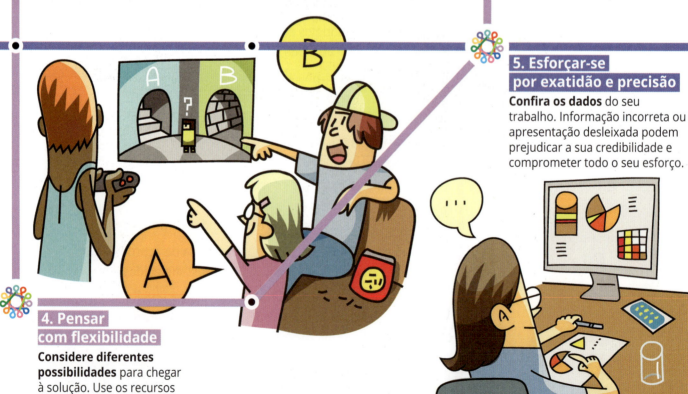

### 5. Esforçar-se por exatidão e precisão
**Confira os dados** do seu trabalho. Informação incorreta ou apresentação desleixada podem prejudicar a sua credibilidade e comprometer todo o seu esforço.

### 4. Pensar com flexibilidade
**Considere diferentes possibilidades** para chegar à solução. Use os recursos disponíveis e dê asas à imaginação!

### 6. Questionar e levantar problemas

**Fazer as perguntas certas** pode ser determinante para esclarecer suas dúvidas. Esteja alerta: indague, questione e levante problemas que possam ajudá-lo a compreender melhor o que está ao seu redor.

### 7. Aplicar conhecimentos prévios a novas situações

**Use o que você já sabe!** O que você já aprendeu pode ajudá-lo a entender o novo e a resolver até os maiores desafios.

### 8. Pensar e comunicar-se com clareza

**Organize suas ideias e comunique-se com clareza.** Quanto mais claro você for, mais fácil será estruturar um plano de ação para realizar seus trabalhos.

### 10. Assumir riscos com responsabilidade

**Explore suas capacidades!** Estudar é uma aventura, não tenha medo de ousar. Busque informação sobre os resultados possíveis, e você se sentirá mais seguro para arriscar um palpite.

### 9. Imaginar, criar e inovar

**Desenvolva a criatividade** conhecendo outros pontos de vista, imaginando-se em outros papéis, melhorando continuamente suas criações.

### 11. Pensar de maneira interdependente

**Trabalhe em grupo**, colabore. Juntando ideias e força com seus colegas, vocês podem criar e executar projetos que ninguém poderia fazer sozinho.

No Portal *Araribá Plus* e ao final do seu livro, você poderá saber mais sobre as *Atitudes para a vida*. Veja <www.moderna.com.br/araribaplus> em **Competências socioemocionais**.

# CONHEÇA O SEU LIVRO

Este livro está estruturado em quatro unidades.
Cada unidade está dividida em temas.

### ABERTURA DE UNIDADE

Uma imagem em dupla de páginas abre a unidade.

Apresenta uma lista dos temas tratados na unidade.

### DE OLHO NA IMAGEM

Seção que reproduz a imagem da abertura e propõe a observação dessa imagem com o objetivo de ativar seus conhecimentos prévios sobre os conteúdos que serão abordados na unidade. Em alguns casos, essa seção poderá trazer outras imagens relacionadas à imagem da abertura.

Traz também informações sobre o(s) artista(s)/intérprete(s) relacionado(s) à obra em foco.

### TEMAS

As unidades são divididas em temas que desenvolvem os conteúdos de modo claro e organizado.

Intertítulos ao longo do tema facilitam os estudos.

# CONHEÇA O SEU LIVRO

**BOXE**
Textos que ampliam o conhecimento e sua reflexão sobre os temas estudados.

**CD DE ÁUDIO**
Sinaliza o momento em que é possível trabalhar com o conteúdo disponível no CD.

**GLOSSÁRIO**
No glossário, você encontra o significado das palavras destacadas no texto.

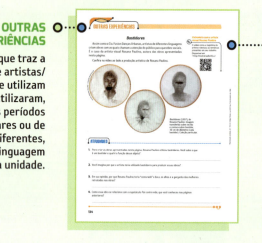

**OUTRAS EXPERIÊNCIAS**
Seção que traz a produção de artistas/grupos que utilizam ou utilizaram, em outros períodos e/ou lugares ou de maneiras diferentes, elementos da linguagem enfocada na unidade.

**CÓDIGO QR**
Indica que há recursos digitais, como vídeos e animações.

**INDICAÇÕES**
Sugestões de leituras, vídeos, *sites*, CDs e visitas a instituições culturais aparecem ao longo do livro.

**ATIVIDADES**
Atividades destinadas à reflexão e compreensão dos conteúdos, com base na leitura e interpretação de texto e de imagens.

**O ARTISTA E SUA OBRA**
Seção que traz informações sobre o artista e sobre o contexto de produção da obra.

8

## ÍCONES DA COLEÇÃO

 Glossário

 Atitudes para a vida

 Indica que existem vídeos, atividades ou outros recursos no **livro digital** ou no **portal** da coleção.

 Indica o momento para a audição de uma faixa do CD de áudio.

### COMPREENDER UM TEXTO

Seção com texto citado que trabalha e desenvolve a compreensão leitora.

### ATITUDES PARA A VIDA

Aprofunda o trabalho com as Atitudes para a vida, que nos auxiliam a resolver problemas da vida cotidiana, a nos relacionar bem com os outros e a tomar decisões conscientes, de forma criativa e inovadora.

Este ícone indica o trabalho com as Atitudes para a vida de forma pontual no texto ou em uma atividade.

### ATIVIDADES PRÁTICAS

Atividades práticas com base nos conteúdos desenvolvidos na unidade.

### ORGANIZAR O CONHECIMENTO

Atividades para recordar os conteúdos abordados ao longo da unidade.

9

# CONTEÚDO DOS MATERIAIS DIGITAIS

O *Projeto Araribá Plus* apresenta um Portal exclusivo, com ferramentas diferenciadas e motivadoras para o seu estudo. Tudo integrado com o livro para tornar a experiência de aprendizagem mais intensa e significativa.

**Portal Araribá Plus – Arte**

- Conteúdos
  - OEDs
- Competências socioemocionais – 11 Atitudes para a vida
  - Atividades
  - Caderno 11 Atitudes para a vida
- Livro digital
- Obras complementares
- Programas de leitura

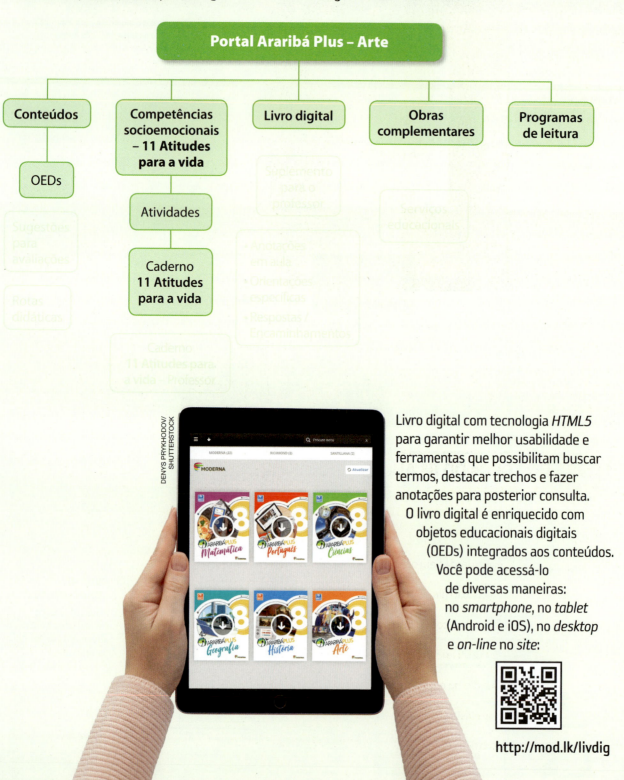

Livro digital com tecnologia *HTML5* para garantir melhor usabilidade e ferramentas que possibilitam buscar termos, destacar trechos e fazer anotações para posterior consulta. O livro digital é enriquecido com objetos educacionais digitais (OEDs) integrados aos conteúdos. Você pode acessá-lo de diversas maneiras: no *smartphone*, no *tablet* (Android e iOS), no *desktop* e *on-line* no *site*:

http://mod.lk/livdig

Objetos educacionais digitais diretamente no seu *smartphone* ou *tablet* para uso *on-line* e *off-line*.

Acesso rápido por meio de qualquer leitor de código *QR*.
http://mod.lk/aa8u1t2

## LISTA DOS OEDs DO 8º ANO

| UNIDADE | TÍTULO DO OBJETO DIGITAL |
|---|---|
| 1 | A tinta a óleo |
| 1 | Vanguardas europeias |
| 2 | Trecho do filme *O Auto da Compadecida* |
| 2 | Entrevista com o pesquisador de teatro Sérgio de Carvalho |
| 3 | Romantismo |
| 3 | O rádio na era Vargas |
| 4 | Entrevista com a artista visual Rosana Paulino |
| 4 | A dança contemporânea por Elisabete Finger |

# SUMÁRIO

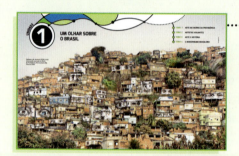

**UNIDADE 1** — UM OLHAR SOBRE O BRASIL ........ 16

**De olho na imagem** .................................................. 18
   JR ........................................................................... 19

## TEMA 1 – Arte no Morro da Providência .......... 20
**Uma reflexão sobre a realidade** ........................... 20
   *Mulheres são heroínas* ............................................ 22
   Casa Amarela Providência ....................................... 23
   Intervenção .............................................................. 24
   *Compreender um texto*: Lambe-lambe ................... 25
   Atividade prática ..................................................... 26

## TEMA 2 – Artistas viajantes .............................. 28
**Frans Post** ................................................................ 28
   Atividades ................................................................ 28
   Frans Post e a pintura de paisagem ........................ 29
**Albert Eckhout** ....................................................... 30
   O gênero retrato ....................................................... 31
   Atividades ................................................................ 31
   O autorretrato .......................................................... 32
   Atividade ................................................................. 32
   *Compreender um texto*: Por que tiramos e postamos tantos *selfies*? ... 33
**Jean-Baptiste Debret** ............................................. 34
   Atividade ................................................................. 34
   A Missão Artística Francesa ................................... 35
   Atividades práticas .................................................. 37

## TEMA 3 – Arte e história ................................... 38
**Primeira missa no Brasil** ........................................ 38
   Atividades ................................................................ 38
   Outro olhar sobre a *Primeira missa no Brasil* ........ 39
   Atividade ................................................................. 39
   Pintura histórica no Brasil ....................................... 40
   *Compreender um texto*: Os esplendores da imortalidade ... 41

## TEMA 4 – O Modernismo brasileiro ................. 42
**Anita Malfatti** .......................................................... 42
   Atividades ................................................................ 42
   Uma nova proposta artística ................................... 43
   As influências de Anita Malfatti .............................. 44
   Atividade ................................................................. 44
   Atividade ................................................................. 45
**O Modernismo** ........................................................ 46
   Tarsila do Amaral e o movimento modernista brasileiro ... 47
   A influência do Cubismo na obra de Tarsila do Amaral ... 48
   Uma produção modernista ...................................... 49
   *Compreender um texto*: Tarsila do Amaral ganha exposição no MoMA ... 50
   *Atitudes para a vida*: Você conhece mesmo a cultura de seu país? ... 51
   Atividade prática ..................................................... 52
   Organizar o conhecimento ...................................... 53

## UNIDADE 2 — TEATRO E SOCIEDADE ............ 54

**De olho na imagem** .................................................. 56
   Teatro Experimental de Arte ............................. 57

### TEMA 1 – Uma dramaturgia moralizante .......... 58
**Auto da Compadecida** ........................................... 58
   *O artista e sua obra*: Ariano Suassuna ........... 59
   *Auto da Compadecida* (trecho) ........................ 60
   Atividade prática ................................................ 61
**Adaptações de *Auto da Compadecida*** ............ 62
   Outras adaptações ............................................. 63
**A origem do auto** ................................................... 64
   O teatro de Gil Vicente ....................................... 65
   O auto como instrumento de catequização .... 66

### TEMA 2 – O teatro como retrato de uma época ......... 68
***O rei da vela*** ........................................................... 68
   A montagem dos Parlapatões ........................... 69
   *O artista e sua obra*: Parlapatões, Patifes e Paspalhões ........... 70
   O texto de *O rei da vela* .................................... 72
   Atividades ........................................................... 73
**A montagem do Teatro Oficina** ........................... 74
   Cinquenta anos depois ..................................... 75
   A concepção visual ............................................ 76
   Os figurinos ........................................................ 77
   *Atitudes para a vida*: Cenas alegóricas ........... 78
   Atividade prática ................................................ 79

### TEMA 3 – O teatro como ato político ................ 80
**Teatro e resistência** ................................................ 80
   *Roda viva* .......................................................... 81
**O Teatro de Arena** .................................................. 82
   *O artista e sua obra*: Augusto Boal ................. 83
   O sistema coringa .............................................. 84
   Augusto Boal e o Teatro do Oprimido ............. 85
   Atividades práticas ............................................ 86
   Organizar o conhecimento ............................... 87

# SUMÁRIO

### UNIDADE 3 — MÚSICA E SOCIEDADE — 88

De olho na imagem ............................................................. 90
   Carlos Gomes ................................................................. 91

#### TEMA 1 – A música e os temas nacionais .................... 92
A identidade nacional na obra de Carlos Gomes .......... 92
   Atividade ........................................................................... 92
   *O guarani* ......................................................................... 93
   *Outras experiências*: O Romantismo na literatura / A prosa romântica ... 94
A ópera ................................................................................ 96
   *Carmen* ............................................................................. 97
   Atividade ........................................................................... 97
A orquestra ......................................................................... 98
   Os instrumentos de uma orquestra ............................. 99
   Atividades práticas ....................................................... 101

#### TEMA 2 – A brasilidade de Heitor Villa-Lobos ............. 102
Villa-Lobos ........................................................................ 102
   As viagens de Villa-Lobos ............................................ 103
   Atividade ......................................................................... 103
   Os *Choros* e as *Bachianas brasileiras* ....................... 104
   *Compreender um texto*: O ciclo das *Bachianas brasileiras* ... 105
A obra de Bach ................................................................. 106
   "Céu de Santo Amaro" ................................................. 107
   *O artista e sua obra*: Flávio Venturini ....................... 108
   Atividades práticas ....................................................... 109

#### TEMA 3 – Uma exaltação ao Brasil ............................... 110
"Aquarela do Brasil" ....................................................... 110
   Atividades ....................................................................... 111
   O samba-exaltação ....................................................... 112
   A era do rádio ................................................................ 113
O samba e suas origens ................................................. 114
   O samba de roda ........................................................... 115
O samba no Rio de Janeiro ............................................ 117
   O primeiro samba gravado .......................................... 118
   Atividade ......................................................................... 118
   Atividades práticas ....................................................... 119

#### TEMA 4 – Uma "ópera" popular .................................... 120
As escolas de samba ...................................................... 120
   O sambódromo no Rio de Janeiro .............................. 121
O encontro de muitas linguagens ................................ 122
   O teatro e a dança ......................................................... 123
   A música nos desfiles de escolas de samba ............. 124
   *Atitudes para a vida*: Os problemas dos outros ..... 125
   Atividade prática ........................................................... 126
   Organizar o conhecimento .......................................... 127

## UNIDADE 4 — DANÇA: MUDANÇAS E RUPTURAS — 128

**De olho na imagem** ........ 130
  Cia. Fusion de Danças Urbanas ........ 131

### TEMA 1 – Um convite à reflexão ........ 132
**O espetáculo *Pai contra mãe*** ........ 132
  A proposta da Cia. Fusion ........ 133
  Atividade ........ 133
  *Outras experiências: Bastidores* ........ 134
  Atividades ........ 134
  A trilha sonora ........ 135
  Atividade ........ 135
**O espetáculo *Rainha*** ........ 136
  *O artista e sua obra*: Laura Virginia ........ 138
  Atividade prática ........ 139

### TEMA 2 – A dança a partir do século XX ........ 140
**A dança moderna** ........ 140
  As rupturas ........ 141
**Isadora Duncan** ........ 142
  As mudanças no figurino ........ 143
**Loie Fuller** ........ 144
  *Outras experiências: Loie Fuller, a dançarina* ........ 145
**Rudolf Laban** ........ 146
  Atividades ........ 146
  Maria Duschenes ........ 148
  A dança coral ........ 149
  Atividade prática ........ 149

### TEMA 3 – Dança e ruptura ........ 150
**O trabalho do Ballet Stagium** ........ 150
  *Kuarup ou a questão do índio* ........ 152
  *Compreender um texto*: Ballet Stagium leva Kuarup de volta ao Teatro Municipal 40 anos depois da estreia ........ 153
**A dança-teatro** ........ 154
  O trabalho de Pina Bausch ........ 155
  *Atitudes para a vida*: Dançar o que não se pode dizer ........ 156
  Atividade prática ........ 157

### TEMA 4 – A dança como manifesto ........ 158
***Terra*** ........ 158
  Atividades ........ 158
  *O artista e sua obra*: Grupo Grial de Dança ........ 159
  A proposta do espetáculo ........ 160
  Atividades ........ 160
  A visualidade ........ 161
  *Outras experiências*: "Demarcação já" / Os povos indígenas e a terra ........ 162
  Uma trilogia ........ 164
  *A barca* ........ 164
  *Travessia* ........ 165
  Atividade prática ........ 165
  Organizar o conhecimento ........ 166

**Bibliografia** ........ 167
**Guia do CD** ........ 168

**ATITUDES PARA A VIDA** — 169

# UNIDADE 1

## UM OLHAR SOBRE O BRASIL

*Mulheres são heroínas* (2008), de JR. Intervenção realizada no Morro da Providência, Rio de Janeiro (RJ). Foto de 2008.

- **TEMA 1** ARTE NO MORRO DA PROVIDÊNCIA
- **TEMA 2** ARTISTAS VIAJANTES
- **TEMA 3** ARTE E HISTÓRIA
- **TEMA 4** O MODERNISMO BRASILEIRO

# DE OLHO NA IMAGEM

Detalhe de *Mulheres são heroínas* (2008), de JR. Intervenção realizada no Morro da Providência, Rio de Janeiro (RJ). Foto de 2008.

**1.** Descreva a obra retratada na abertura e um detalhe dela nesta página.

**2.** Qual foi o suporte utilizado pelo artista?

**3.** Você já viu obras como essa? Em caso afirmativo, como eram?

**4.** Obras como *Mulheres são heroínas* são chamadas de *intervenção*. Você imagina o porquê desse nome?

**5.** Onde JR realizou essa obra? Você imagina por que ele teria escolhido esse lugar?

**6.** Em sua opinião, quem seriam as pessoas representadas?

# JR

A obra artística que conhecemos nas páginas anteriores é de autoria do artista urbano francês Jean René, mais conhecido como JR. Na maior parte de suas criações, JR trabalha com fotografias em preto e branco aplicadas em painéis de grandes dimensões.

As obras de JR tratam de aspectos sociais e visam chamar a atenção do público para questões importantes para as pessoas que vivem no lugar onde a obra é desenvolvida. Em um de seus projetos artísticos, por exemplo, JR escolheu uma cidade e entrevistou idosos que acompanharam as transformações arquitetônicas ocorridas no local. Depois, ele fotografou esses idosos e aplicou as fotos – em grandes proporções – sobre paredes de prédios dessa cidade. Intitulado *Rugas da cidade*, esse projeto propõe uma reflexão a respeito das transformações decorrentes da passagem do tempo, tanto para as pessoas quanto para as construções.

O artista JR participa de evento em que foi exibido o curta-metragem *Ellis*, do qual ele é diretor, em Los Angeles, Estados Unidos, em 2015.

Ao desenvolver o projeto *Rugas da cidade* em Havana, capital de Cuba, JR contou com a participação de José Parlá, artista que ficou responsável pela criação de desenhos e grafismos que faziam parte da composição.

Vendedor de verduras e frutas passa diante de uma intervenção do projeto *Rugas da cidade*, em Havana, Cuba. Foto de 2012.

## TEMA 1

# ARTE NO MORRO DA PROVIDÊNCIA

## UMA REFLEXÃO SOBRE A REALIDADE

Nas páginas anteriores conhecemos uma criação artística que o artista francês JR realizou no Morro da Providência, na cidade do Rio de Janeiro. Nessa obra, o artista transformou fachadas, muros e até telhados das casas em grandes painéis sobre os quais aplicou fotografias que ele mesmo fez de moradoras da comunidade. Para aplicar essas fotos sobre esses espaços, JR utilizou a técnica do **lambe-lambe**, que você conhecerá nas próximas páginas.

A obra de JR no Rio de Janeiro compõe um projeto intitulado *Mulheres são heroínas*, que já passou por países como Índia, Camboja e República do Quênia. O principal objetivo desse projeto foi dar visibilidade a mulheres que, em seu dia a dia, enfrentam situações de violência e pobreza.

Detalhe de *Mulheres são heroínas* (2008), de JR. Intervenção realizada no Morro da Providência, Rio de Janeiro (RJ). Foto de 2008.

*Mulheres são heroínas* (2008), de JR. Intervenção realizada em uma rua de Monróvia, na Libéria. Foto de 2008.

## O Morro da Providência

O Morro da Providência começou a ser ocupado no final do século XIX, quando cerca de 10 mil soldados que haviam participado da Guerra de Canudos (1896-1897) deixaram a região onde ocorreu o conflito, no sertão da Bahia, para instalar-se no Rio de Janeiro, que, na época, era a capital do Brasil. Como na região onde ocorreu o conflito havia muitas "favelas" – nome dado a um tipo de árvore espinhenta comum na Região Nordeste –, os soldados que se mudaram para o Rio de Janeiro deram esse nome ao morro onde construíram suas habitações.

Por essa razão, o Morro da Providência por muitos anos foi conhecido como **Morro da Favela**. Com o decorrer do tempo, a palavra *favela* passou a designar os conjuntos de habitações precárias que existem em todo o Brasil.

Na década de 1920, a artista Tarsila do Amaral – que conheceremos nesta Unidade – produziu uma pintura em que, possivelmente, representou o Morro da Providência. Veja, a seguir, uma reprodução dessa obra.

*Morro da Favela* (1924), de Tarsila do Amaral. Óleo sobre tela, 64,5 × 76 cm. Coleção Hecilda e Sérgio Fadel.

### PARA ACESSAR

- *JR, um olhar da sua arte ao redor do mundo*. **El País**. 7 nov. 2017. Disponível em: <https://brasil.elpais.com/brasil/2017/10/30/album/1509379270_746077.html#foto_gal_1>. Acesso em: 2 jun. 2018.

Nesse *site*, você verá fotos e lerá sobre histórias que aconteceram durante a realização do projeto *Mulheres são heroínas* e outros projetos do artista JR em vários países.

## MULHERES SÃO HEROÍNAS

Você aprendeu nas páginas anteriores que JR realizou ações do projeto *Mulheres são heroínas* em vários lugares do mundo e que o objetivo sempre foi chamar a atenção para mulheres que, em seu cotidiano, vivem em situação de risco.

No Brasil, a ação de JR teve início com entrevistas realizadas por ele com moradoras do Morro da Providência. As respostas dadas por essas moradoras foram gravadas em vídeo e, diante das câmeras, elas relataram seu cotidiano, seu trabalho, seus sonhos e suas tristezas. Durante a entrevista, as mulheres também foram fotografadas, e essas fotos foram reproduzidas em grandes painéis espalhados por diferentes espaços do morro.

*Mulheres são heroínas* (2008), de JR. Intervenção realizada em escadaria do Morro da Providência, Rio de Janeiro (RJ). Foto de 2008.

Os registros em vídeo feitos durante as entrevistas realizadas nas diversas cidades para onde JR levou o projeto deram origem a um documentário, que foi lançado em 2010 e tem o mesmo título do projeto.

### Documentário

O **documentário** é um gênero cinematográfico não ficcional, ou seja, esse tipo de filme busca tratar da realidade, de acontecimentos e pessoas reais. Em geral, os temas variam entre comportamento, animais, acontecimentos, objetos, emoções, ciências, diferentes culturas etc.

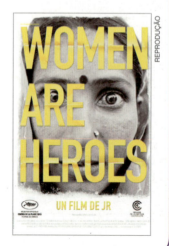

Capa do documentário de JR com seu título original.

### PARA ASSISTIR

- **Women are heroes / Brazil / 2008 – 2009**. Disponível em: <http://www.jr-art.net/projects/women-are-heroes-brazil>. Acesso em: 2 jun. 2018.

Nesse *site*, você pode assistir a um trecho do documentário *Women are heroes* (*Mulheres são heroínas*) e ver diversas fotos do projeto que o artista JR realizou no Morro da Providência, no Rio de Janeiro (RJ).

## CASA AMARELA PROVIDÊNCIA

Após desenvolver a ação *Mulheres são heroínas*, JR idealizou a criação da Casa Amarela Providência, um espaço dedicado à arte e à cultura localizado no Morro da Providência. Nesse espaço, os moradores da comunidade podem participar de oficinas de pintura, fotografia, teatro, dança etc. Veja, ao lado, uma foto da fachada da sede do espaço. No alto, há uma escultura em forma de lua criada por JR.

A Casa Amarela Providência também estimula a vinda de artistas estrangeiros para o Morro da Providência. Em 2012, por exemplo, por intermédio da instituição, o artista português Alexandre Farto, conhecido como Vhils, participou de oficinas na Casa Amarela e desenvolveu um projeto artístico no morro. Artista urbano, Vhils se dedica a diferentes formas de expressão artística, como o grafite e a escultura. Uma característica marcante das obras de Vhils é que ele costuma utilizar materiais que encontra no lugar para desenvolver suas criações.

Assim como JR, Vhils estampou os rostos de moradores em espaços do Morro da Providência. A técnica utilizada por esse artista, no entanto, foi outra. Em vez de aplicar as fotos sobre muros e paredes, ele esculpiu os rostos dos moradores nas paredes; ele foi descascando as paredes para obter os contornos dos rostos. Veja a foto reproduzida a seguir.

Fachada da Casa Amarela Providência, no Morro da Providência, idealizada por JR. Rio de Janeiro (RJ). Foto de 2017.

Parede esculpida por Vhils retrata o rosto de moradores do Morro da Providência, Rio de Janeiro (RJ). Foto de 2012.

## INTERVENÇÃO

O nome dado a obras de arte como a criada por JR no Morro da Providência é **intervenção**. Nas intervenções, os artistas realizam interferências em elementos preexistentes no espaço, em geral com o objetivo de despertar a atenção do público para uma situação ou fazê-lo refletir sobre ela. É o caso das obras *Mulheres são heroínas* e *Rugas da cidade*, que conhecemos nas páginas anteriores.

No caso do projeto *Mulheres são heroínas*, para realizar a obra, JR utilizou a técnica do **lambe-lambe**, muito usada por artistas do grafite e que consiste na colagem de cartazes em lugares públicos a fim de divulgar um produto ou uma ideia. O lambe-lambe é composto de mensagens verbais ou não verbais que despertam reflexão nas pessoas que as observam. Veja, a seguir, fotos de alguns lambe-lambes da artista Laura Guimarães.

Lambe-lambe, de Laura Guimarães, no bairro de Pinheiros, em São Paulo, 2013.

Lambe-lambe, de Laura Guimarães, no Centro de São Paulo, em São Paulo, 2016.

Lambe-lambe, de Laura Guimarães, no bairro de Ermelino Matarazzo, em São Paulo, 2015.

Lambe-lambe, de Laura Guimarães, no bairro de Perdizes, em São Paulo, 2012.

# COMPREENDER UM TEXTO

## Lambe-lambe

Lambe-lambes do projeto *Mais amor por favor*, de Ygor Marotta. Rio de Janeiro, 2013.

"A prática de colar cartazes é antiga. Os mais diversos estilos e formatos, produzidos e reproduzidos com múltiplos objetivos, disseminaram intenções e ideias no espaço geográfico que constituem parte da história mundial. A transformação dos cartazes associa-se à tecnologia, à estética e ao pensamento de cada época. Existe hoje diferenciação entre os termos *cartaz, pôster e lambe-lambe* (ressignificação do cartaz), pois a cada um deles é atribuído um sentido diferente. O cartaz possui valor funcional e comercial e está relacionado à propagação de uma ideia, um produto ou serviço. O pôster tem valor estético, decorativo e em geral é colocado em espaços privados. O lambe-lambe, [...] tem no cartaz o seu precursor, mas sua função o diferencia deste, pois está relacionado a um movimento com viés crítico e propõe uma ideia ou reflexão contrária a alguma conduta social ou desigualdade, ou simplesmente é resultado do trabalho de artistas e grupos de artistas que ocupam o espaço público com o objetivo de espalhar suas criações.

[...]

A diversidade dos lambe-lambes, expressão que utiliza desde poemas até frases ou fotos, reafirma a vertente artística e potencializa as possibilidades dessa intervenção, que também pode ser exercida de forma anônima e espontânea.

[...]"

> OLIVEIRA, Diogo. *Lambe-Lambe*: resistência à verticalização do Baixo Augusta. 2015. Trabalho de conclusão de curso (pós-graduação) – Escola de Comunicações e Artes da Universidade de São Paulo. São Paulo, 2015. Disponível em: <http://paineira.usp.br/celacc/sites/default/files/media/tcc/lambe-lambe_-_final_corrigido.pdf>. Acesso em: 28 maio 2018.

**Precursor:** que vem antes, que antecede.
**Vertente:** perspectiva.
**Potencializar:** aumentar, intensificar.

## QUESTÕES

**1.** De acordo com o texto, qual é a diferença entre cartaz e lambe-lambe?

_____

_____

**2.** Que nome é dado às obras de arte como o lambe-lambe?

_____

# ATIVIDADE PRÁTICA

- Neste Tema você aprendeu um pouco sobre a técnica do lambe-lambe. Os cartazes criados com essa proposta podem ser de diversos estilos e formatos, podem divulgar um evento, promover a reflexão e o debate de ideias no espaço público ou simplesmente apresentar um trabalho artístico. Nesta atividade, você vai criar um cartaz utilizando essa técnica.

### Material:

- Lápis
- Borracha
- Régua
- Papel sulfite A4
- Folhas de jornal
- Tinta acrílica
- Pincel para aplicação da tinta acrílica (com cerdas resistentes)
- Recipiente para água
- Tecido de algodão ou papel toalha
- Cola branca
- Recipiente para preparar a cola
- Pincel grande ou rolinho de espuma para aplicar a cola
- Água

### Escolha do tema:

- Escolha um tema para ser trabalhado no seu cartaz. Que mensagem você quer passar às pessoas? Pode ser por meio de palavras, de uma frase poética e também de uma imagem. O tema pode ser artístico, científico, ambiental, uma campanha de interesse público ou questões sociais que você julgue importantes. Pense em algo atual, um assunto relevante, que você considera que mereça ser discutido na sua comunidade ou na sua cidade.

### Pesquisa dos tipos de letra e imagem:

- Como você pôde observar, as letras dos lambe-lambes são diversas. No seu trabalho, você poderá utilizar letras de diferentes tipos, poderá também fazê-las com sombreados ou projetá-las, criando ilusão de volume. Na internet há uma grande diversidade de letras, mas você também poderá pesquisá-las em jornais e revistas. Escolha uma fonte com traços bem simples, faça letras mais retas e largas. Você poderá também introduzir uma imagem criada por você ou uma foto de que você goste e julgue pertinente; nesse caso, utilize o recurso de fotocópia para reproduzi-la. Uma dica: **não** utilize impressoras a jato de tinta para reproduzir letras ou imagens porque, durante a colagem, a aplicação da cola deixará sua mensagem borrada. Caso queira usar uma imagem fotocopiada, a impressão deve ser em impressora a *laser*, ou então não passe a cola sobre a imagem.

**Produção do cartaz:**

- Utilize a folha de jornal para montar seu lambe-lambe. Avalie o espaço para dispor as palavras e a imagem. Nas folhas de papel sulfite, esboce as letras necessárias. Utilizando o lápis, a régua e a borracha, crie as letras, que poderão ter tamanhos e tipos diferentes. Pense na disposição da sua frase na folha de jornal antes de reproduzi-la e pintá-la com a tinta acrílica; se preferir, você poderá escrever as palavras da frase primeiro sobre o papel sulfite, pintá-las com a tinta acrílica, esperar que sequem, recortá-las e, depois, colá-las sobre a folha de jornal. Se decidir proceder dessa forma, você poderá planejar a melhor disposição antes de colá-las definitivamente.

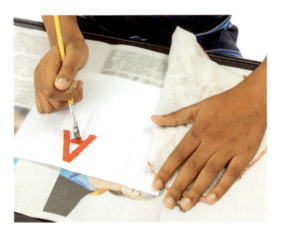

**Preparação da colagem:**

- Para realizar a colagem, será utilizada cola branca diluída em água na proporção de uma parte de cola branca líquida para duas partes de água. Considere que a cola será utilizada em todo o verso da folha de jornal para fixá-la na parede ou no suporte e, depois de colada, você poderá passar uma camada da mesma cola sobre o cartaz. Por exemplo: se você for utilizar um tubo de cola branca, dissolva esse conteúdo em duas quantidades de água desse mesmo tubo. Mexa bem até que a mistura fique homogênea. Depois, aplique a mistura usando um pincel. Não se esqueça de forrar o local onde estiver trabalhando para evitar que respingos de cola caiam no chão ou grudem em objetos, como as carteiras, cadeiras, mochilas etc.

# TEMA 2 — ARTISTAS VIAJANTES

## FRANS POST

Assim como o artista francês JR, que conhecemos no Tema 1, ao longo da história, artistas de diferentes nacionalidades representaram aspectos sociais e culturais do Brasil em suas obras. Veja, por exemplo, a pintura reproduzida a seguir. Ela é de autoria de Frans Post (1612-1680), artista holandês que chegou ao Brasil em 1637.

*O carro de bois* (1638), de Frans Post. Óleo sobre tela, 62 × 95 cm. Museu do Louvre, Paris, França.

### ATIVIDADES

1. Que elementos da paisagem natural e humanos foram representados na obra reproduzida nesta página?

2. Em sua opinião, o que teria motivado a vinda de um artista holandês para o Brasil no século XVII?

## FRANS POST E A PINTURA DE PAISAGEM

Pinturas como a de Frans Post que você conheceu na página anterior são chamadas de **paisagem** e se caracterizam pela representação de um espaço observado como o tema central, por vezes único, de uma obra, podendo ser rural ou urbano.

Esse lugar, no entanto, pode integrar alguns elementos mais discretos, narrativos, simbólicos ou alegóricos que ampliarão o sentido da pintura. Em *Paisagem com jiboia*, Post representou uma área rural com árvores apresentadas no primeiro plano e no meio delas é possível reconhecer a cabeça de uma jiboia; ao fundo, o céu e outros elementos da paisagem foram pintados com cores mais claras. A escolha dessas cores permitiu ao artista obter o efeito de profundidade.

Veja a obra reproduzida a seguir.

**Simbólico:** o que é representado por um símbolo. Símbolo é o que representa, sugere ou substitui alguma coisa.

**Alegórico:** refere-se à alegoria. Alegoria é uma expressão do pensamento ou da emoção pela qual se representa simbolicamente um objeto para significar outro.

**Versatilidade:** qualidade do que tem habilidades ou aplicações diversas.

**Cromático:** relativo a cores.

*Paisagem com jiboia* (c. 1660), de Frans Post. Óleo sobre tela, 119 × 173,5 cm. Museu de Arte de São Paulo Assis Chateaubriand (Masp), São Paulo (SP).

### A pintura a óleo

Você já percebeu que a legenda de muitas pinturas informa que a técnica utilizada pelo artista foi *óleo sobre tela*? As obras de Frans Post desta página e da página anterior, por exemplo, foram produzidas dessa forma. Nessa técnica, tintas produzidas a partir de uma mistura de diversos elementos, entre eles óleo e pigmento, são aplicadas em uma tela, que geralmente é de linho. Essa técnica permite muita versatilidade ao pintor, principalmente quando sua intenção é realizar uma pintura minuciosa, com muito detalhes, pois oferece diversas possibilidades de misturas cromáticas, além do brilho vigoroso. A secagem lenta da tinta também possibilita a correção e a alteração do que está sendo retratado.

Descubra no vídeo ao lado mais informações sobre o surgimento da tinta a óleo.

**A tinta a óleo**

Você sabe quais são as primeiras pinturas a óleo conhecidas? Veja nesse vídeo quais são essas pinturas e descubra outras informações sobre o desenvolvimento da tinta a óleo.
Disponível em <http://mod.lk/aa8u1t2>.

## ALBERT ECKHOUT

Além de Frans Post, outro artista holandês que representou em suas telas o Brasil do século XVII foi Albert Eckhout (c. 1610-1666). Eckhout era um pintor com grande domínio técnico e representou pessoas, animais e plantas do nordeste brasileiro.

Entre as obras de Eckhout destacam-se as **naturezas-mortas**, que fazem parte de um gênero da pintura caracterizado pela representação de objetos inanimados, como frutas, flores e porcelanas. Veja ao lado a reprodução de duas naturezas-mortas criadas por Eckhout.

*Natureza-morta com frutas tropicais* (1641-1643), de Albert Eckhout. Óleo sobre tela, 91 × 91 cm. Museu Nacional da Dinamarca, Copenhague, Dinamarca.

*Natureza-morta com frutas cítricas e bananas* (1641-1643), de Albert Eckhout. Óleo sobre tela, 91 × 91 cm. Museu Nacional da Dinamarca, Copenhague, Dinamarca.

Nas pinturas reproduzidas acima, observe o realismo presente nas formas, nas texturas e nas cores das frutas e das plantas representadas. As figuras são representadas na parte de baixo da composição, e o céu, na parte superior, ao fundo. Essa é uma característica marcante das naturezas-mortas produzidas pelos artistas holandeses.

**Textura:** é o aspecto da superfície reconhecível pelo tato e/ou pela visão. Pode ser lisa, macia, áspera, ondulada etc.

## O GÊNERO RETRATO

Além de paisagens e de naturezas-mortas, os artistas holandeses se destacaram na produção de pinturas de outros gêneros, como o **retrato**, que se caracteriza pela representação de uma pessoa ou de um grupo de pessoas com base na observação de um modelo-vivo (indivíduo que posa para os pintores), de fotografias ou com o auxílio da memória.

A pintura reproduzida ao lado, por exemplo, é um retrato feito por Albert Eckhout com base em sua vivência no nordeste do Brasil, onde permaneceu entre 1637 e 1644. Eckhout produziu várias obras nas quais representou pessoas que viviam no Brasil naquela época. As representações que o artista fez, entretanto, eram idealizadas, isto é, não correspondiam à realidade. Para produzi-las, ele levou em conta o padrão clássico de beleza.

*Mulher Tupi com seu filho e com um cesto na cabeça* (1641), de Albert Eckhout. Óleo sobre tela, 274 × 163 cm. Museu Nacional da Dinamarca, Copenhague, Dinamarca.

## ATIVIDADES

1. Quais são as principais figuras representadas na pintura reproduzida nesta página?

2. Que elementos da paisagem natural são representados?

3. Como a presença do colonizador europeu pode ser identificada?

## O AUTORRETRATO

O retrato foi reconhecido como gênero da pintura a partir do século XVI. Egípcios, gregos e romanos, no entanto, produziam retratos desde a Antiguidade. Ao longo da história, artistas de diferentes estilos produziram não apenas retratos, mas também **autorretratos**, ou seja, retratos deles mesmos. Veja alguns exemplos.

*O homem desesperado (autorretrato)* (1843-1845), de Gustave Courbet. Óleo sobre tela, 45 × 54 cm. Coleção particular.

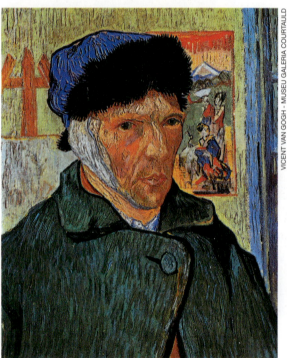

*Autorretrato com orelha enfaixada* (1889), de Vincent van Gogh. Óleo sobre tela, 60 × 49 cm. Museu Galeria Courtauld, Londres, Reino Unido.

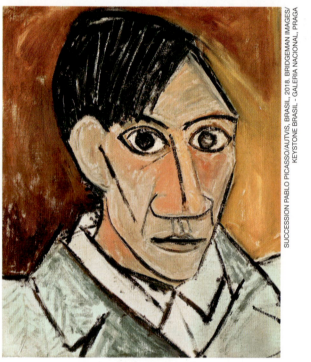

*Autorretrato* (1907), de Pablo Picasso. Óleo sobre tela, 56 × 46 cm. Galeria Nacional, Praga, República Checa.

### ATIVIDADE

- Que diferenças podem ser observadas entre as obras reproduzidas nesta página?

# COMPREENDER UM TEXTO

## Por que tiramos e postamos tantos selfies?

"É uma tradição: anualmente o *Oxford Dictionary* escolhe um termo da língua inglesa que considera a 'palavra do ano'. [...] A palavra de 2013 foi 'selfie'.

A palavra em si não é nova: há registros do uso do termo 'selfie' para definir uma foto de si mesmo sendo usada em 2002 [...]. Se a palavra não é nova, a ideia de tirar o próprio autorretrato é muito menos: as pessoas tiram *selfies* desde antes da chegada da câmera digital, reproduzindo uma expressão artística histórica — afinal, fotógrafos e pintores os produzem há séculos. [...]

O ano do *selfie* é só mais um sintoma de que a imagem está tomando o lugar do texto nas comunicações. [...]

[A psicóloga] Pamela Rutledge explica que registrar um *selfie* em um contexto em muitos casos é mais eficiente para comunicar algo. 'Informação visual é muito mais rica que texto. Se eu te mandar um *selfie* meu na praia, você recebe muito mais informação do que se eu te mandar uma mensagem escrito 'estou na praia', justifica. Isso significa que popularização da tecnologia ou nossa vontade de receber aprovação não são os únicos motivos pelos quais estamos tirando tantos autorretratos e publicando-os. O cliché 'uma imagem vale mais do que mil palavras' não é um clichê à toa? [...]"

FREITAS, Ana. Por que tiramos e postamos tantos selfies. *Revista Galileu*, 21 fev. 2014. Disponível em: <https://revistagalileu.globo.com/Revista/noticia/2014/02/por-que-tiramos-e-postamos-tantos-selfies.html>. Acesso em: 22 ago. 2018.

**Clichê:** uma ideia ou algo muito repetido, previsível, desgastado.

## QUESTÕES

**1.** O *Oxford Dictionary* escolheu *selfie* como a "palavra do ano" em 2013. Mas desde quando as pessoas registram a própria imagem?

_____

_____

_____

**2.** Não estamos tirando tantos autorretratos e publicando-os apenas em razão da popularização da tecnologia ou do desejo de aprovação. Qual seria um outro motivo?

_____

_____

_____

## JEAN-BAPTISTE DEBRET

No início do século XIX, um novo grupo de artistas europeus chegou ao Brasil. Esses artistas integravam a Missão Artística Francesa.

Um dos principais nomes desse grupo foi o do pintor e desenhista Jean-Baptiste Debret (1768-1848), que chegou ao Brasil em 1816 e criou uma série de desenhos, estampas e gravuras nos quais representou a sociedade brasileira do início do século XIX. Veja a obra reproduzida a seguir.

*Um jantar brasileiro* (1827), de Jean-Baptiste Debret. Aquarela sobre papel, 15,9 × 21,9 cm. Museus Castro Maya, Rio de Janeiro (RJ).

### ATIVIDADE

- Que aspectos sociais do Brasil do início do século XIX podem ser observados na pintura acima? Converse com os colegas e registre sua resposta a seguir.

### PARA LER

- ***Jean-Baptiste Debret**: caderno de viagem*, de Julio Bandeira. Rio de Janeiro: Sextante, 2006.

   Esse livro é uma reprodução do caderno de viagem de Debret e traz uma seleção de aquarelas e esboços criados pelo artista. O caderno original está guardado na seção de iconografia da Biblioteca Nacional de Paris desde 1911.

- ***A história de Biruta***, de Alberto Martins. São Paulo: Cia das Letrinhas, 2008.

   Nesse livro, o artista plástico e poeta Alberto Martins apresenta 25 aquarelas do pintor Jean-Baptiste Debret. Alberto Martins criou a personagem Biruta, que passeia pelas imagens de Debret retratadas no livro e observa tudo o que acontece ao seu redor. O autor brinca com as palavras e cria poemas sobre as reflexões de Biruta.

## A MISSÃO ARTÍSTICA FRANCESA

Vimos na página anterior que Debret chegou ao Brasil em 1816 acompanhando um grupo de artistas franceses. Denominado **Missão Artística Francesa**, esse grupo de artistas veio para a colônia a convite de Dom João VI (1767-1826).

A vinda de uma Missão Francesa estava de acordo com as transformações ocorridas no Brasil, em especial no Rio de Janeiro, com a transferência da família real portuguesa para a colônia. Os membros da Corte desejavam tornar uma parcela da sociedade mais culta e instruída para que pudesse atender a seus interesses na colônia. Para isso, foram tomadas diversas medidas, como a fundação da Real Biblioteca, em 1810, do Real Teatro de São João, em 1813, e da Escola Real das Ciências, Artes e Ofícios, em 1816, que, em 1826, passou a ser denominada Academia Imperial de Belas Artes (Aiba).

Além de Debret, outro artista que integrava o grupo era Nicolas-Antoine Taunay (1755-1830). Taunay se dedicou à produção de pinturas do gênero paisagem, como a reproduzida a seguir. Com a chegada de artistas como Debret e Taunay, aconteceram algumas mudanças no cenário artístico brasileiro. Uma delas foi a difusão do estilo artístico chamado **Neoclássico**, caracterizado por padrões rígidos de representação, pelo estudo exaustivo do desenho e pela utilização de contornos bem definidos. Observe essas características na pintura reproduzida a seguir.

*Entrada da baía e da cidade do Rio a partir do terraço do convento de Santo Antônio* (1816), de Nicolas-Antoine Taunay. Óleo sobre tela, 45 × 56,5 cm. Museu Nacional de Belas Artes (MNBA), Rio de Janeiro (RJ).

### Nicolas-Antoine Taunay

Antes de vir para o Brasil, Nicolas-Antoine Taunay era um dos pintores oficiais do general Napoleão Bonaparte (1769-1821), que foi imperador da França no início do século XIX. Ao chegar ao Brasil, Taunay deixou de pintar retratos de imperadores e começou a se dedicar à pintura paisagística. O artista procurou conciliar a luminosidade e as paisagens dos trópicos com as regras da pintura clássica. Como resultado, em suas telas, tem-se uma visão de natureza pastoril e suave, própria da pintura europeia da época.

## A arte acadêmica

Também chamado **Academismo**, o termo **arte acadêmica** refere-se à produção artística criada nas academias, isto é, nas escolas de Ensino Superior.

Na Aiba, os artistas vindos com a Missão Francesa passaram a difundir o ensino de arte com base nos estilos consagrados nas academias europeias. Com o tempo, alguns alunos da Aiba tornavam-se professores, ganhavam prêmios e viajavam para o exterior. Ao voltar, esses artistas traziam para o Brasil influências de outros estilos artísticos europeus.

Na obra reproduzida a seguir, por exemplo, há traços do **Romantismo**, estilo artístico que se desenvolveu na Europa e que tem como características a valorização das emoções humanas, das tradições históricas e das temáticas nacionais, assim como o forte contraste entre claro e escuro, entre outras. Repare nas expressões dos rostos das personagens. É possível imaginar o que elas estariam sentindo?

*O último Tamoio* (1883), de Rodolfo Amoedo. Óleo sobre tela, 180,3 × 261,3 cm. Museu Nacional de Belas Artes (MNBA), Rio de Janeiro (RJ).

- Quem você imagina que sejam as personagens representadas na pintura reproduzida nesta página? O que pode ter acontecido com elas?

### PARA ACESSAR E VISITAR

- **Museu Nacional de Belas Artes (MNBA).** Endereço virtual: <http://mnba.gov.br/portal/>. Acesso em: 30 maio 2018. Endereço físico: Avenida Rio Branco, 199. Cinelândia. CEP: 20040-008. Rio de Janeiro (RJ).

  O acervo do MNBA é formado por mais de 70 mil itens. Há pinturas, esculturas e outras obras produzidas por artistas brasileiros e estrangeiros. Entre elas estão algumas das pinturas que conhecemos neste Tema. No *site*, é possível visualizar obras do acervo e obter informações sobre as ações educativas realizadas no museu.

# ATIVIDADES PRÁTICAS

Sob a orientação do professor, junte-se a dois colegas para realizar estas atividades. Observem os materiais necessários e os procedimentos para realizar os trabalhos.

**Material:**

- Cartolina
- Papel resistente (papel cartão ou papelão)
- Papel sulfite
- Lápis de cor
- Lápis
- Giz de cera
- Frutas
- Câmera fotográfica (pode ser a do celular)

1. Recortem um pedaço de papel resistente, confeccionando uma moldura retangular. Procurem lugares na escola ou nos arredores em que seja possível avistar de maneira ampla o local onde estudam. Utilizem a moldura para enquadrar a paisagem escolhida. Anotem no caderno o que é possível visualizar nesse enquadramento e representem a paisagem observada utilizando como suporte uma cartolina cortada ao meio. Usem lápis de cor, lápis grafite ou giz de cera para a elaboração do desenho.

2. No dia agendado pelo professor, levem diferentes frutas (como maçã, banana, limão e mamão) para a sala de aula. Disponham as frutas sobre uma carteira até formar uma composição que lhes agrade. Fotografem a composição de vários pontos de vista diferentes. Cada integrante do grupo deverá escolher uma foto para, com base na observação da imagem, realizar alguns esboços com lápis grafite em folhas de papel. A seguir, deverá escolher um dos esboços e, utilizando lápis de cor, dar acabamento ao desenho. Ao terminar, deverá assinar o desenho e apresentá-lo aos colegas.

3. Você gosta de fazer *selfies*? Você e seus colegas do grupo realizarão um ensaio fotográfico com *selfie* usando uma máquina fotográfica ou um aparelho celular. A *selfie* pode ser considerada um autorretrato digital. Experimente várias possibilidades: *selfie* com cores e contrastes diferentes, que destaquem o seu retrato. Siga algumas dicas importantes para fazer uma *selfie* bem legal:

- Prefira a luz natural e atente para ela estar contra você, pois dessa maneira a foto será iluminada. Se a luz estiver nas suas costas, o resultado pode não ficar bom.

- Evite sombras. Certifique-se para que não haja sombras sobre você, uma vez que isso apagará áreas do seu rosto. Um bom horário para fazer o registro, evitando a projeção de sombras, é pela manhã bem cedo ou ao pôr do sol.

- Evite fazer *selfie* usando *flash*. O rosto é fotografado muito de perto, e o *flash* provocará distorções.

- Descubra a melhor pose e não altere a foto. Faça o registro com naturalidade e descontração. Lembre-se de que *selfie* não é apenas fotografar o rosto, portanto explore outras possibilidades, até mesmo que incluam parte de seu corpo.

- Fique em um dos cantos superiores da foto e deixe que o registro inclua a paisagem ou cores difusas de fundo. No entanto, em um fundo neutro, o rosto será destacado.

- Procure manter o equilíbrio da câmera (ou do celular) no momento do registro; se for o caso, segure o equipamento com as duas mãos.

- Altere a posição da câmera buscando outros pontos de vista. Isso poderá ajudar a conseguir uma imagem diferente. A foto feita de cima deixará você mais esbelto; feita de baixo, o efeito será o contrário.

# TEMA 3

## ARTE E HISTÓRIA

### PRIMEIRA MISSA NO BRASIL

Observe a imagem reproduzida nesta página. Ela mostra a pintura *Primeira missa no Brasil*, realizada pelo artista Victor Meirelles (1832-1903).

*Primeira missa no Brasil* (1860), de Victor Meirelles. Óleo sobre tela, 268 × 356 cm. Museu Nacional de Belas Artes (MNBA), Rio de Janeiro (RJ).

## ATIVIDADES

1. Você já conhecia a pintura reproduzida nesta página? Que evento é representado nela?

2. Que personagens são representadas na pintura?

3. Em sua opinião, o artista presenciou a cena representada?

## OUTRO OLHAR SOBRE A *PRIMEIRA MISSA NO BRASIL*

Ao longo dos anos, diferentes artistas realizaram obras inspiradas na *Primeira missa no Brasil*, de Victor Meirelles. Veja a seguir como, na década de 1970, o artista Glauco Rodrigues (1929-2004) recriou essa obra.

*Carta de Pero Vaz de Caminha - 26 de abril de 1500* (1971), de Glauco Rodrigues. Acrílica sobre tela, 81 × 100 cm. Coleção Gilberto Chateaubriand/ Museu de Arte Moderna do Rio de Janeiro (MAM), Rio de Janeiro (RJ).

## ATIVIDADE

- Compare a obra reproduzida nesta página com a criação de Victor Meirelles apresentada na página anterior.

    **a)** Quais as principais diferenças entre essas pinturas?

    _____

    _____

    **b)** Que personagens não faziam parte da pintura de Victor Meirelles e foram inseridos por Glauco Rodrigues em sua interpretação de *Primeira missa no Brasil*? Qual seria a intenção do artista ao inseri-los?

    **c)** Em sua opinião, por que Glauco Rodrigues teria dado o título *Carta de Pero Vaz de Caminha – 26 de abril de 1500* para essa obra?

    _____

## PINTURA HISTÓRICA NO BRASIL

Obras como *Primeira missa no Brasil* são classificadas como **pintura histórica**. Nas obras desse gênero são representados temas e fatos históricos. A pintura histórica é um dos gêneros mais característicos da arte acadêmica.

Outro artista brasileiro que se dedicou à produção de pinturas históricas foi Pedro Américo (1843-1905), autor da obra *Independência ou morte* (*O grito do Ipiranga*), reproduzida a seguir. O tema abordado nessa obra foi a Independência do Brasil, evento histórico ocorrido em 7 de setembro de 1822. Pedro Américo destacou a figura de Dom Pedro, colocando-o no centro da composição, rodeado pelos Dragões da Independência. Repare que a linha curva da estrada, que direciona o olhar do observador para cima, também contribui para destacar Dom Pedro. Nessa composição, os animais da tropa parecem estar em movimento, enquanto o de Dom Pedro parece estar parado. Esse foi um dos recursos utilizados para conferir movimento à composição e dar destaque à figura central.

*Independência ou morte* (*O grito do Ipiranga*) (1888), de Pedro Américo. Óleo sobre tela, 460 × 760 cm. Museu Paulista da Universidade de São Paulo, São Paulo (SP).

### Independência ou morte em novas versões

A obra *Independência ou morte*, de Pedro Américo, uma das pinturas mais famosas de um artista brasileiro, faz parte do acervo do Museu Paulista da Universidade de São Paulo, mais conhecido como Museu do Ipiranga. O museu foi fechado em 2013 para reformas e restaurações e as obras levarão alguns anos para ser concluídas.

Pensando no período em que a pintura de Pedro Américo não poderá ser vista pelo público, o artista Bruno Moreschi reuniu artistas em feiras de artesanato e antiguidades da cidade de São Paulo e juntos criaram uma versão em menor escala do original da pintura *Independência ou morte*.

Em uma continuidade dessa experiência, Moreschi e outros pintores criaram um mural com versões da pintura original. Pintado no jardim do Sesc Ipiranga, na cidade de São Paulo (SP), o trabalho no mural de 24 metros começou em 7 de setembro de 2016 e levou mais de dois meses para ser finalizado.

Você pode ver imagens da realização desse projeto em <https://www.youtube.com/watch?v=o_PJigdILJc> (acesso em: 7 jun. 2018).

# COMPREENDER UM TEXTO

## Os esplendores da imortalidade

"Um pintor de história deve restaurar com a linguagem da arte um acontecimento que não presenciou e que 'todos desejam contemplar revestido dos esplendores da imortalidade'. Assim escreveu Pedro Américo em texto explicativo sobre o quadro conhecido como *O grito do Ipiranga*, completado em Florença em 1888 por encomenda da comissão de construção do monumento do Ipiranga. A tela tornou-se ícone nacional, representação maior da Independência. O texto descreve o grande cuidado do pintor em reproduzir de maneira exata o acontecimento. Leu, pesquisou, entrevistou testemunhas oculares, visitou o local. No entanto, por razões estéticas, teria sido obrigado a fazer mudanças nas personagens e no cenário a fim de produzir os esplendores de imortalidade.

De início, dom Pedro não podia montar a besta [...] de que falam as testemunhas. O pedestre animal, apesar de ter arcado com o peso imperial, teve o desgosto de se ver substituído no quadro pela nobreza de um cavalo. Com maior razão, prossegue o pintor, o augusto moço não podia ser representado com traços fisionômicos de quem sofria as incômodas cólicas de uma diarreia, [...] o motivo da parada da comitiva às margens do Ipiranga [...].

[...] O uniforme da guarda de honra também foi alterado. A ocasião merecia traje de gala, em vez do uniforme 'pequeno'. Finalmente, o Ipiranga teve que ser desviado de seu curso para facilitar a composição do quadro. O carreiro com seu carro de bois,

Detalhe de *Independência ou morte (O grito do Ipiranga)* (1888), de Pedro Américo. Óleo sobre tela, 460 × 760 cm. Museu Paulista da Universidade de São Paulo, São Paulo (SP).

segundo o pintor, entrou em cena para dar cor local, retratar a placidez usual daquelas paragens, perturbada pelo acontecimento. Não aceitou a sugestão de obter o mesmo efeito com uma tropa de asnos, bicho que definitivamente desprezava. [...]

[...] Pedro Américo, atendendo à finalidade da encomenda, buscou construir a imagem de um herói guerreiro, criador de uma nação. [...]"

CARVALHO, José Murilo de. *Os esplendores da imortalidade*. Folha On-line/Brasil 500 d.C., São Paulo, 26 dez. 1999. Disponível em: <www1.folha.uol.com.br/fol/brasil500/dc_6_2.htm>. Acesso em: 3 jun. 2018.

**Besta:** mula.
**Augusto:** que merece respeito, venerável.
**Placidez:** tranquilidade.

## QUESTÕES

1. Quais seriam os "esplendores da imortalidade" citados pelo autor do texto?

2. Por que, segundo o texto, embora tenha feito uma minuciosa pesquisa sobre a independência, Pedro Américo fez uma representação pouco fiel no quadro *O grito do Ipiranga*?

# TEMA 4

# O MODERNISMO BRASILEIRO

## ANITA MALFATTI

Você aprendeu nas páginas anteriores que artistas de diferentes períodos representaram, em produções visuais, temas relacionados ao Brasil e ao povo brasileiro. Essa tendência de representar temas nacionais se intensificou a partir da primeira metade do século XX, quando um grupo de artistas decidiu incorporar à arte brasileira as inovações artísticas ocorridas na Europa e, dessa forma, renovar a produção artística nacional. A pintura reproduzida ao lado foi realizada nesse período.

*Tropical* (1917), de Anita Malfatti. Óleo sobre tela, 77 × 102 cm. Pinacoteca do Estado de São Paulo, São Paulo (SP).

## ATIVIDADES

1. Que elementos foram representados pela artista na obra reproduzida nesta página?

2. Quais são as cores predominantes na obra? Por que a artista teria escolhido essas cores?

3. Que diferenças você observa entre a pintura *Tropical* e as pinturas históricas que conheceu no Tema anterior?

## UMA NOVA PROPOSTA ARTÍSTICA

Anita Malfatti (1889-1964), autora da obra reproduzida na página anterior, iniciou muito cedo seus estudos artísticos. Entre 1910 e 1916, ela viveu na Alemanha e nos Estados Unidos, onde teve contato com as transformações pelas quais a arte passava no início do século XX.

Em 1917, pouco após retornar ao Brasil, Anita Malfatti organizou, em São Paulo (SP), a "Exposição de Pintura Moderna". Entre as obras apresentadas pela artista nessa exposição estavam *Tropical* e *O homem amarelo*, reproduzida a seguir.

*O homem amarelo* (1915-1916), de Anita Malfatti. Óleo sobre tela, 61 × 51 cm. Coleção Mário de Andrade, Instituto de Estudos Brasileiros (IEB) da Universidade de São Paulo (USP), São Paulo (SP).

Anita Malfatti em c. 1912.

Note que, em *Tropical* e em *O homem amarelo*, Anita representou as formas de maneira não naturalista. Em arte, o termo **naturalista** é utilizado para designar uma obra de arte que imita ou reproduz a natureza, os objetos, o mundo visível com fidelidade. Perceba que, além da estilização das formas, as cores fortes e contrastantes e os contornos grossos diferenciam as obras de Anita Malfatti das produções acadêmicas.

As obras expostas por Anita Malfatti em 1917 dividiram opiniões. Por um lado, animaram um grupo de jovens artistas que buscavam inovações na arte brasileira. Por outro, receberam fortes críticas de pessoas que rejeitaram o fato de Anita Malfatti se afastar dos padrões acadêmicos. Entre os críticos da artista estava o escritor Monteiro Lobato (1882-1948), que, embora reconhecesse o talento de Malfatti, considerava que ela havia sido "seduzida" por estrangeirismos.

## AS INFLUÊNCIAS DE ANITA MALFATTI

A obra de Anita Malfatti foi fortemente influenciada por movimentos artísticos que se iniciaram no exterior. Um desses movimentos foi o **Expressionismo**, que se originou na Alemanha no início do século XX.

A pintura reproduzida a seguir foi realizada por Ernst Kirchner (1880-1938), um dos artistas representantes da arte expressionista na Europa.

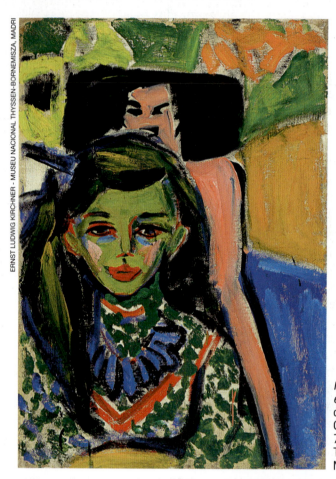

*Fränzi em uma cadeira entalhada* (1910), de Ernst Kirchner. Óleo sobre tela, 71 × 49,5 cm. Museu Thyssen-Bornemisza, Madri, Espanha.

Observe que, nessa obra, as cores não correspondem à realidade e as formas são simplificadas. Note também que a representação do espaço físico é deformada. Os pintores expressionistas buscavam transmitir ao público suas emoções por meio do uso não convencional das cores e da distorção das formas e linhas, afastando-se, assim, da realidade.

Além das cores e das formas distorcidas, as pinturas expressionistas, em geral, retratam temas como solidão, doença, morte e abandono, nos quais as personagens são retratadas de forma dramática, com expressões de angústia e aflição.

### ATIVIDADE

- Que características do Expressionismo podem ser observadas na obra *O homem amarelo*, que conhecemos na página anterior? Comente com seus colegas e registre sua resposta a seguir.

## A "temperatura" das cores

Com o Expressionismo, os artistas deixaram de representar em suas obras a **cor local**, ou seja, a cor original de um objeto quando visto sob a luz natural. Os artistas expressionistas passaram a atribuir cores aos objetos de acordo com as emoções que desejavam exprimir e os sentimentos que pretendiam despertar no espectador.

Você sabia que, de acordo com a nossa percepção visual, as cores nos provocam diferentes sensações? O vermelho, o amarelo e o laranja, por exemplo, estão associados ao calor e ao fogo e, por essa razão, são classificados como **cores quentes**. O verde, o violeta e o azul, por estarem associados à vegetação, à natureza e ao frio, são classificados como **cores frias**. Veja a pintura reproduzida ao lado. Nela, o artista Pablo Picasso utilizou diferentes tonalidades de azul. Quais sensações essas cores provocam em você?

Algumas cores podem mudar de classificação de acordo com o contexto cromático em que estão inseridas. O verde, por exemplo, parecerá mais frio ao lado de cores como o vermelho e o amarelo, e mais quente ao lado do azul. Ainda em relação às sensações despertadas, as cores quentes são estimulantes, e as frias, calmantes. Além disso, segundo as teorias psicológicas da cor, as cores quentes são mais dinâmicas, estimulantes e alegres e parecem aumentar e aproximar as formas representadas. As cores frias, ao contrário, são cores estáticas, associadas à calma e à tranquilidade, se retraem e parecem diminuir e distanciar as formas representadas.

*O judeu velho com um menino (o mendigo cego com um menino)* (1903), de Pablo Picasso. Óleo sobre tela, 125 × 92 cm. Museu Estatal de Belas-Artes Pushkin, Moscou, Rússia.

## ATIVIDADE

- **(Enem)** Após estudar na Europa, Anita Malfatti retornou ao Brasil com uma mostra que abalou a cultura nacional do início do século XX. Elogiada por seus mestres na Europa, Anita se considerava pronta para mostrar seu trabalho no Brasil, mas enfrentou as duras críticas de Monteiro Lobato. Com a intenção de criar uma arte que valorizasse a cultura brasileira, Anita Malfatti e outros artistas modernistas

    a) buscaram libertar a arte brasileira das normas acadêmicas europeias, valorizando as cores, a originalidade e os temas nacionais.

    b) defenderam a liberdade limitada de uso da cor, até então utilizada de forma irrestrita, afetando a criação artística nacional.

    c) representaram a ideia de que a arte deveria copiar fielmente a natureza, tendo como finalidade a prática educativa.

    d) mantiveram de forma fiel a realidade nas figuras retratadas, defendendo uma liberdade artística ligada à tradição acadêmica.

    e) buscaram a liberdade na composição de suas figuras, respeitando limites de temas abordados.

## O MODERNISMO

O Expressionismo foi um dos movimentos artísticos que, ao lado de outras mudanças ocorridas ainda no século XIX, deram origem ao **Modernismo**. Os artistas que faziam parte do movimento modernista opunham-se aos padrões da arte acadêmica.

Os artistas modernos, como Anita Malfatti, romperam com convenções acadêmicas – por exemplo, o domínio de técnicas clássicas, como a perspectiva e o claro-escuro –, criando novas relações entre a figura e o fundo e utilizando a luz de forma não convencional.

A "Exposição de Pintura Moderna", realizada por Anita Malfatti em 1917, foi um dos primeiros acontecimentos modernistas no Brasil. O marco inaugural da arte moderna no país, no entanto, foi a **Semana de Arte Moderna**, evento realizado em São Paulo, em 1922, que reuniu representantes das artes visuais, da música e da literatura.

Entre os integrantes da **Semana de 22** estavam os pintores Anita Malfatti, Di Cavalcanti (1897-1976) e Vicente do Rego Monteiro (1899-1970), o escultor Victor Brecheret (1894-1955), os escritores Mário de Andrade (1893-1945), Oswald de Andrade (1890-1954) e Menotti Del Picchia (1892-1988) e os músicos Heitor Villa-Lobos (1887-1959) e Guiomar Novaes (1894-1979).

Participantes da Semana de Arte Moderna de 1922. Na foto, da esquerda para direita e de cima para baixo, de pé: Francesco Pettinati, um anônimo, René Thiollier, Manuel Bandeira, A. F. Schmidt, Paulo Prado, Graça Aranha, Manuel Vilaboim, Goffredo da Silva Telles, Couto de Barros, Mário de Andrade e Cândido Motta Filho. Sentados, Rubens Borba de Moraes, Luís Aranha, Tácito de Almeida e Oswald de Andrade.

### Mário de Andrade e o patrimônio cultural brasileiro

Um dos mentores do Iphan (órgão responsável pela preservação do patrimônio cultural brasileiro), fundado em 1937, foi o modernista **Mário de Andrade**. Ele foi pioneiro no reconhecimento da promoção do patrimônio cultural. Essa preocupação com a preservação do patrimônio, especialmente no que diz respeito aos bens imateriais, foi motivada, principalmente, por uma série de viagens que ele realizou ao interior do Brasil nas décadas de 1920 e 1930. Nessas viagens, Mário de Andrade coletou informações sobre diferentes manifestações culturais tradicionais do Brasil.

Mário de Andrade em 1928.

### PARA LER

**Modernismo no Brasil**: panorama das artes visuais, de Beá Meira. São Paulo: Ática, 2006.

O livro aborda o Modernismo no Brasil e apresenta informações sobre os protagonistas desse movimento e suas principais criações artísticas.

## TARSILA DO AMARAL E O MOVIMENTO MODERNISTA BRASILEIRO

Embora não tenha participado da Semana de 22, a pintora Tarsila do Amaral (1886-1973) é considerada um dos nomes mais importantes do Modernismo no Brasil.

Tarsila do Amaral interessou-se pelas artes desde criança. Estudou escultura e frequentou aulas de desenho e pintura no ateliê de Pedro Alexandrino (1856-1942), onde conheceu Anita Malfatti. Em 1920, Tarsila embarcou para Paris, na França. Nessa época, produziu *Retrato de Oswald de Andrade*, pintura reproduzida nesta página e que apresenta características da arte expressionista.

Durante a Semana de Arte Moderna, Tarsila do Amaral estava em Paris, mas soube desse evento por meio de cartas enviadas por Anita Malfatti. Ao retornar ao Brasil, a artista se reuniu com Anita Malfatti, Mário de Andrade, Oswald de Andrade e Menotti Del Picchia e, ao lado deles, liderou o movimento modernista brasileiro.

Tarsila do Amaral, em Paris, França. Foto de 1926.

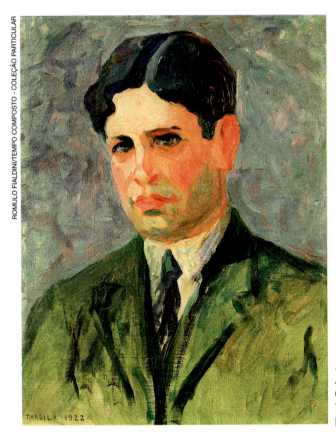

*Retrato de Oswald de Andrade* (1922), de Tarsila do Amaral. Óleo sobre tela, 51 × 42 cm. Coleção particular.

### PARA LER

- ***Tarsila do Amaral***, de Angela Braga & Lígia Rego. São Paulo: Moderna, 1998. (Coleção Mestre das artes no Brasil)

    A biografia de Tarsila revela uma artista que teve uma vida tão revolucionária quanto a sua obra: desde criança, quando dava nome às pedras e fazia bonecas de mato, até se tornar símbolo da arte moderna brasileira.

## A INFLUÊNCIA DO CUBISMO NA OBRA DE TARSILA DO AMARAL

Assim como Anita Malfatti, Tarsila do Amaral também foi influenciada pelos movimentos de vanguarda europeia. Em 1923, a artista viajou novamente para Paris e conheceu o **Cubismo**, movimento artístico que começou na França no início do século XX com base em pesquisas realizadas por Pablo Picasso (1881-1973) e Georges Braque (1882-1963).

Um dos mestres cubistas com os quais Tarsila do Amaral teve contato foi Fernand Léger (1881-1955), autor da obra reproduzida ao lado. Observe as reproduções de pinturas de Tarsila e Léger. Em sua opinião, elas se parecem? De que forma?

Conheça no vídeo abaixo outros movimentos de vanguarda europeia que, assim como o Cubismo, influenciaram não só a produção artística de Tarsila do Amaral, como também a de outros artistas modernistas brasileiros.

*A mulher e a criança* (1922), de Fernand Léger. Óleo sobre tela, 171,2 × 240,9 cm. Museu de Arte da Basileia, Suíça.

> **Vanguardas europeias**
>
> Nesse vídeo você vai conhecer outros movimentos da vanguarda europeia, como o Expressionismo, o Dadaísmo e o Surrealismo e seus desdobramentos na literatura.
> Disponível em <http://mod.lk/aa8u1t4>.

*A caipirinha* (1923), de Tarsila do Amaral. Óleo sobre tela, 60 × 81 cm. Coleção particular.

O contato com o Cubismo influenciou a produção de Tarsila, e as formas representadas pela artista, aos poucos, geometrizaram-se. Em *A caipirinha*, reproduzida nesta página, Tarsila utilizou formas geométricas para criar a composição. Repare, também, no fundo das duas pinturas. Tanto Léger como Tarsila buscaram a integração entre figura e fundo, de modo que a profundidade e a perspectiva, presentes nas pinturas acadêmicas, são deixadas de lado nas composições cubistas. Nas produções artísticas cubistas, além da decomposição formal das imagens e dos planos, os artistas buscavam representar todas as vistas das figuras.

## UMA PRODUÇÃO MODERNISTA

Em 1924, ao retornar ao Brasil, Tarsila do Amaral realizou uma série de viagens em que conheceu o Carnaval carioca e as cidades históricas de Minas Gerais. Essas viagens, assim como o Cubismo, influenciaram a produção da artista. Segundo Tarsila do Amaral, das cidades históricas, por exemplo, ela incorporou novas cores a suas produções, como o "azul puríssimo", o "rosa violáceo" e o "amarelo vivo". A tela *Morro da Favela*, que conhecemos no Tema 1, foi produzida nesse período.

Em 1928, Tarsila do Amaral produziu *Abaporu*, uma de suas obras mais conhecidas. Ela pintou essa tela para presentear Oswald de Andrade, que, na época, era seu marido. O título dessa pintura é uma palavra de origem tupi que significa "aquele que come" e foi inspirado em grupos indígenas que praticavam a **antropofagia**, ou seja, alimentavam-se de carne humana em rituais.

Inspirado por *Abaporu*, Oswald de Andrade escreveu no mesmo ano o **Manifesto Antropófago**, considerado o marco teórico do movimento modernista brasileiro. Segundo esse manifesto, assim como o *Abaporu*, a arte brasileira deveria "devorar" a arte e a cultura estrangeiras, extraindo delas aquilo que lhe interessava para a construção de uma "arte verdadeiramente brasileira".

*Abaporu* (1928), de Tarsila do Amaral. Óleo sobre tela, 85 × 73 cm. Museu de Arte Latino-Americana de Buenos Aires (Malba), Argentina.

O *Abaporu* pertence ao acervo permanente do Malba – Museu de Arte Latino-Americana de Buenos Aires, na Argentina. A obra foi comprada em 1995 por Eduardo Constantino, fundador do Malba, em um leilão em Nova York, EUA.

Em 2016 a obra foi emprestada ao Brasil em razão da Copa do Mundo. No dia 2 de agosto passou a ser exibida no Museu de Arte do Rio (MAR), na exposição "A cor do Brasil". O *Abaporu* foi emprestado ao Brasil em outras ocasiões:

- Em 2011, para a exposição "Mulheres, artistas e brasileiras" no Palácio do Planalto, em Brasília (DF).
- Em 2007, para a exposição "Tarsila Viajante (1920-1931)" na Pinacoteca do Estado de São Paulo, em São Paulo (SP).
- Em 2002, para a exposição "Brasil. Da antropofagia a Brasília" na Fundação Armando Álvares Penteado (Faap), em São Paulo (SP).

## COMPREENDER UM TEXTO

### Tarsila do Amaral ganha exposição no MoMA

"No Brasil, as imagens que a paulista Tarsila do Amaral (1886-1973) criou ilustram até jogos de quebra-cabeça em lojas de brinquedo e livrarias, mas nos Estados Unidos seu nome ainda soa desconhecido. Com atraso de quase um século depois de ter pintado *Abaporu*, considerada a obra de arte brasileira mais valiosa, isso talvez mude um pouco a partir da abertura da exposição *Tarsila do Amaral: Inventing Modern Art in Brazil* no Museum of Modern Art (MoMA) em Nova Iorque, ocorrida ontem.

A mostra, que se concentra no trabalho produzido por ela na década de 1920, é a primeira individual da artista apresentada por uma grande instituição cultural dos Estados Unidos (a mesma seleção já tinha sido apresentada de outubro de 2017 a janeiro último no Instituto de Arte de Chicago). Mesmo para o MoMA, Tarsila é novidade. Um dos últimos esboços para a tela *Figura só*, de 1930, recém-doado ao museu, é o primeiro trabalho dela incluído na sua coleção.

'A exposição realizada pelo MoMA é um marco na história da obra da Tarsila. Tenho certeza de que agora o mundo vai conhecê-la!', afirma Tarsilinha do Amaral, sobrinha-neta homônima da paulista, que administra o espólio da família.

A data da estreia de Tarsila em Nova Iorque coincide com um marco histórico para a arte brasileira. Em 11 de fevereiro de 1922, foi aberta no Teatro Municipal de São Paulo a Semana de Arte Moderna, na qual artistas e intelectuais apresentaram novas formas de expressão libertas da estética do século XIX e abriram caminhos para a invenção de uma arte nacional independente e moderna.

Tarsila não participou pessoalmente da manifestação porque estava na Europa. Mas suas pinturas estiveram na gênese e no desenvolvimento da produção característica do movimento cultural. 'A figura de Tarsila é inextricavelmente ligada ao projeto moderno brasileiro', diz o historiador Luis Pérez-Oramas, que organizou a Bienal de São Paulo de 2012. Ele é responsável pela curadoria da individual no MoMA em parceria com Stephanie D'Alessandro, ex-curadora de Arte Moderna Internacional do Instituto de Arte de Chicago. [...]"

Tarsila do Amaral ganha exposição no MoMA. *Jornal do Comércio*, 12 fev. 2018. Porto Alegre (RS). Disponível em: <http://www.jornaldocomercio.com/_conteudo/2018/02/cultura/610480-tarsila-do-amaral-ganha-exposicao-no-moma.html>. Acesso em: 10 jun. 2018.

### QUESTÕES

**1.** Por que a artista Tarsila do Amaral é novidade até para o Museum of Modern Art (MoMA)?

**2.** A inauguração da exposição do MoMA coincide com qual evento importante para o Modernismo brasileiro?

# ATITUDES PARA A VIDA

## Você conhece mesmo a cultura de seu país?

De tempos em tempos, as sociedades humanas passam por processos de transformação profunda que afetam a todos os setores da sociedade e se manifestam de diferentes maneiras. Quando o modernismo brasileiro, que estudamos nesta Unidade, ganhou força nas primeiras décadas do século XX, a sociedade brasileira vivia um momento de transição. Apesar de a Revolução Industrial se encontrar em pleno curso, na Europa Ocidental e nos Estados Unidos, desde o século XIX, foi naquele momento que a urbanização, especialmente da cidade de São Paulo, começou a delinear novas formas de viver, especialmente no que diz respeito à maneira de se trabalhar.

Mas mesmo com todas as mudanças que a sociedade vivia, a arte popular de origem rural continuava – e continua até hoje – se manifestando fortemente em nossa cultura. E os modernistas brasileiros representavam em suas obras a diversidade cultural do Brasil.

No esforço de conhecer melhor a cultura popular do Brasil, o escritor Mário de Andrade se notabilizou por direcionar trabalho pessoal e recursos que ele tinha à disposição no período em que fundou e dirigiu (1935-1938) a Secretaria de Cultura, na época Departamento de Cultura, da cidade de São Paulo, para incentivar a pesquisa *in loco*, ou seja, no lugar, da cultura popular, financiando viagens de pesquisadores – entre os quais ele mesmo – que buscavam descrever as manifestações artísticas e a cultura popular nos mais variados lugares do Brasil.

O bordado é uma técnica antiga que, apesar de atualmente poder ser realizada por máquinas, ainda tem sua produção artesanal valorizada. A imagem mostra o trabalho da bordadeira portuguesa Maria Tereza Gonçalves Pestanha, residente em Santos (SP). Foto de 2015.

### QUESTÕES

1. Em grupo, discutam e escolham uma manifestação de arte popular. Pode ser qualquer tipo de arte: escultura, dança, música, pintura, poesia etc. O que importa é que seja uma tradição viva e, de preferência, que exista na região onde vocês vivem. Pesquisem e descubram mais sobre essa manifestação: Quem a realiza? Se utiliza materiais, de que tipo são? De que forma os artistas se preparam para criar suas obras e para apresentá-las? Caso seja algo comercializável, como, em que lugares e em quais situações esses trabalhos são vendidos? Pesquisem imagens do tema que vocês escolheram ou, caso conheçam algum artista popular, registrem imagens dele. Depois, criem uma apresentação com imagens e/ou vídeos para explicar para os colegas e para o professor as informações que vocês encontraram.

2. Com base no trabalho realizado na pesquisa, escreva uma redação respondendo à seguinte pergunta: como as atitudes para a vida de **pensar com flexibilidade**, **aplicar conhecimentos prévios a novas situações** e **imaginar, criar, inovar** poderiam ser relacionadas ao trabalho de pesquisa que vocês fizeram e ao próprio tema da pesquisa? Você considera que o grupo usou essas atitudes para realizar a pesquisa? E o artista que vocês estudaram, também as usa de alguma forma?

# ATIVIDADE PRÁTICA

- Como vimos nesta Unidade, ao longo da história da arte vários artistas produziram autorretratos. Nesta atividade você vai realizar um autorretrato expressionista. Você aprendeu que as características desse movimento são as formas simplificadas, os contornos bem definidos por uma linha mais escura; o uso não convencional das cores e distorções na representação das formas, pinceladas marcadas e cores intensas. Para criar seu autorretrato, escolha alguma *selfie* feita por você e use-a como referência. Siga as orientações abaixo e mãos à obra!

**Material:**

- Folhas de jornal ou plástico para forrar a da carteira
- Cartolina cortada em tamanho A4
- Lápis e borracha
- Têmpera guache
- Goma arábica
- Copinhos plásticos
- Cola branca
- Pincéis
- Palito de sorvete
- Recipiente para água
- Tecido de algodão para limpeza ou papel-toalha

### Passo 1: O esboço do seu autorretrato

Inicie o trabalho realizando, primeiro, com lápis, um esboço, ou seja, um desenho que busque reproduzir os principais contornos e formas observadas na sua *selfie*. Você poderá optar por desenhar seu rosto de forma mais realista ou com formas mais estilizadas. Poderá também definir áreas mais claras e mais escuras.

### Passo 2: Preparo da tinta para a pintura

Antes de iniciar, proteja a carteira com folhas de jornal ou plástico. Para realizar uma pincelada mais densa e marcada, como a das pinturas expressionistas, você deverá dar maior consistência à têmpera guache. Para isso, coloque uma porção de têmpera guache em um copinho plástico, adicione duas ou três gotas da goma arábica e mexa bem para que fique mais espessa. Esse produto ajudará o papel a assimilar as cores e evitará que a têmpera solte depois da secagem.

### Passo 3: A pintura

Realize a pintura usando o pincel para os contornos e, nas áreas amplas, aplique o guache preparado usando o palito de sorvete. Dessa maneira, ele deixará marcas na camada de tinta, criando texturas interessantes e promovendo maior dinamismo visual. Não se esqueça de que os contornos devem ser em tons mais escuros que as cores utilizadas para a pintura das formas. Quando tiver finalizado, assine seu nome no canto inferior da pintura.

Para esta atividade você vai precisar de uma *selfie*.

### Passo 4: A mostra

A turma se reunirá para montar uma exposição dos trabalhos. Se houver um painel ou mural na escola onde os trabalhos possam ser afixados, exponham-nos lá para que os colegas de outras turmas e funcionários da escola possam apreciá-los. Se não for possível expor em áreas comuns, os trabalhos podem ser colocados nas paredes da sala de aula. A intenção é que todos possam apreciar os trabalhos dos colegas. Quando a mostra estiver pronta e todos os alunos da turma a tiverem visto, reúnam-se e, sob orientação do professor, manifestem opiniões e contem como foi a experiência de fazer um autorretrato, a fim de fazer uma avaliação da atividade.

## ORGANIZAR O CONHECIMENTO

1. Cite o nome de dois artistas urbanos estrangeiros que desenvolveram projetos artísticos no Morro da Providência, no Rio de Janeiro. Descreva os trabalhos realizados por eles nesse local e aponte semelhanças e diferenças entre os trabalhos dos artistas.

   Se você errou essa resposta, retome a leitura do Tema 1, "Arte no Morro da Providência".

2. Identifique cada uma das afirmativas a seguir como verdadeira (V) ou falsa (F).

   ( ) O Morro da Providência, por muitos anos, foi conhecido como **Morro da Favela**. Como no Morro viviam soldados vindos do sertão da Bahia, e esse era o nome dado a um tipo de árvore espinhenta comum nessa região, os soldados deram esse nome ao morro onde construíram suas habitações. Com o decorrer do tempo, a palavra *favela* passou a designar os conjuntos de habitações precárias que existem em todo o Brasil.

   Se você errou essa resposta, retome a leitura do boxe "O Morro da Providência".

   ( ) Para realizar o projeto *Mulheres são heroínas*, JR utilizou a técnica do lambe-lambe, muito usada por artistas do grafite e que consiste na colagem de pôsteres em lugares públicos, a fim de divulgar um produto ou uma ideia. O lambe-lambe é composto de mensagens verbais ou não verbais que despertam reflexões nas pessoas que as observam.

   Se você errou essa resposta, retome a leitura do tópico "Intervenção".

   ( ) As naturezas-mortas fazem parte de um gênero da pintura caracterizado pela representação de objetos inanimados, como frutas e flores, em estado de decomposição.

   Se você errou essa resposta, retome a leitura do tópico "Albert Eckhout".

3. Relacione os termos a seguir com suas respectivas definições, que estão logo abaixo.

   **a)** Neoclássico    **c)** Romantismo    **e)** Expressionismo
   **b)** Academismo    **d)** Naturalismo    **f)** Cubismo

   ( ) Estilo artístico que se desenvolveu na Europa e tem como características a valorização das emoções humanas, das tradições históricas e das temáticas nacionais, assim como o forte contraste entre claro e escuro, entre outras.

   Se você errou essa resposta, retome a leitura do boxe "A arte acadêmica".

   ( ) Estilo artístico caracterizado por padrões rígidos de representação, pelo estudo exaustivo do desenho e pela utilização de contornos bem definidos.

   Se você errou essa resposta, retome a leitura do tópico "A Missão Artística Francesa".

   ( ) Termo utilizado para designar o estilo de uma obra de arte que imita ou reproduz a natureza com fidelidade.

   Se você errou essa resposta, retome a leitura do tópico "Uma nova proposta artística".

   ( ) Esse termo refere-se à arte criada nas escolas de ensino superior. Os artistas vindos com a Missão Francesa passaram a difundir o ensino de arte com base nos estilos consagrados na Europa.

   Se você errou essa resposta, retome a leitura do boxe "A arte acadêmica".

   ( ) Movimento artístico que começou na França, no início do século XX, com base em pesquisas realizadas por Pablo Picasso e Georges Braque. Nas produções desse movimento, além da decomposição formal das imagens e dos planos, os artistas buscavam representar todas as vistas das figuras.

   Se você errou essa resposta, retome a leitura do tópico "A influência do Cubismo na obra de Tarsila do Amaral".

   ( ) Os pintores desse movimento buscavam transmitir ao público suas emoções por meio do uso não convencional das cores e da distorção das formas e linhas, afastando-se, assim, da realidade. Além disso, as pinturas, em geral, retratam temas como solidão, doença, morte e abandono, nos quais as personagens são representadas de forma dramática, com expressões de angústia e aflição.

   Se você errou essa resposta, retome a leitura do tópico "As influências de Anita Malfatti".

# UNIDADE 2
# TEATRO E SOCIEDADE

- **TEMA 1** UMA DRAMATURGIA MORALIZANTE
- **TEMA 2** O TEATRO COMO RETRATO DE UMA ÉPOCA
- **TEMA 3** O TEATRO COMO ATO POLÍTICO

O grupo Teatro Experimental de Arte (TEA), de Caruaru (PE), encena o espetáculo *Auto da Compadecida*, em Duque de Caxias (RJ), em 2016.

# DE OLHO NA IMAGEM

Atores do grupo Teatro Experimental de Arte (TEA) em apresentação da peça *Auto da Compadecida*, em Duque de Caxias (RJ), em 2016. Da esquerda para a direita, os atores Mandy Freire, Ícaro Raphael, David Gadelha e Jackson Freire.

**1.** Como os atores que participam da cena retratada na foto estão posicionados?

**2.** Qual é a importância das expressões corporais dos atores nessa cena? O que o corpo deles comunica?

**3.** Que personagens os atores estariam representando?

**4.** Em que tipo de espaço está acontecendo a apresentação da peça?

**5.** Considerando o título do espetáculo, você consegue imaginar qual seria o enredo dessa peça? Qual é?

## Teatro Experimental de Arte

O grupo responsável pela montagem de *Auto da Compadecida* que conhecemos nas páginas anteriores é o Teatro Experimental de Arte (TEA). O TEA foi fundado em 1962, em Caruaru (PE), por iniciativa dos atores e diretores locais, entre eles o casal Arary Marrocos e Argemiro Pascoal.

Ao longo de mais de cinquenta anos de existência, o TEA já encenou dezenas de peças. Um dos espetáculos de maior sucesso e que rendeu muitos prêmios ao grupo foi a montagem de *Morte e vida severina*, realizada em 2001.

Além de desenvolver e apresentar peças de teatro, os integrantes do TEA se dedicam à formação de jovens atores. Para isso, o grupo oferece oficinas de iniciação teatral em sua sede, o Teatro Licio Neves, e realiza anualmente o Festival de Teatro do Agreste (Feteag), evento criado por Fabio Pascoal, filho de Arary Marrocos e Argemiro Pascoal. Esse festival conta com a participação de alunos de escolas públicas e particulares do Agreste pernambucano.

Outra iniciativa desenvolvida pelo grupo é o projeto Teatro na Comunidade, cujo objetivo é levar o teatro para lugares que, em geral, não têm acesso a esse tipo de apresentação artística.

O *Auto da Compadecida*, por exemplo, já foi apresentado pelo grupo em cidades e áreas rurais de diversos estados brasileiros.

Em 2008, o TEA foi reconhecido como Patrimônio Vivo de Pernambuco, título concedido aos artistas e grupos que contribuem para a constituição e preservação da cultura popular e tradicional pernambucana.

**Agreste pernambucano:** uma das cinco regiões em que está dividido o estado de Pernambuco. Caruaru é a maior cidade do Agreste pernambucano.

Integrantes do grupo Teatro Experimental de Arte (TEA), em Caruaru (PE), 2016.

Integrantes do Teatro Experimental de Arte (TEA) em cena do espetáculo *Jogos na hora da sesta*, apresentado no 27º Festival de Teatro do Agreste (Feteag), em Caruaru (PE), em 2017.

# TEMA 1
## UMA DRAMATURGIA MORALIZANTE

### AUTO DA COMPADECIDA

Na abertura desta Unidade você viu uma imagem da montagem que o Teatro Experimental de Arte (TEA) fez da peça *Auto da Compadecida*. Essa peça foi escrita em 1955 pelo dramaturgo brasileiro Ariano Suassuna (1927-2014).

A primeira montagem da peça *Auto da Compadecida* ocorreu em 1956, no Teatro Adolescente do Recife.

Nessa peça, são abordados elementos relacionados ao sagrado e ao profano. De um lado estão temas cristãos, como o pecado e o arrependimento; de outro, a esperteza e a luta pela sobrevivência.

Ao longo da história, diferentes personagens – um típico malandro, um covarde mentiroso, um padeiro e sua esposa, um padre e um cangaceiro – envolvem-se em situações que mesclam os hábitos mundanos (que pertencem ao mundo material) com valores sagrados e religiosos. O destino de alguns deles é decidido em um julgamento do qual participam o Encourado (o diabo), Manuel (Jesus Cristo) e a Compadecida (Virgem Maria).

**Profano:** que não é sagrado.

**Cangaceiro:** integrante de bandos armados que perambulavam pelo sertão do Nordeste entre o século XIX e a primeira metade do século XX.

Os atores Maria Lima (a Compadecida) e Pedro Henrique Gonçalves (Manuel), do TEA, em cena do espetáculo *Auto da Compadecida*, de Ariano Suassuna, em Caruaru (PE), em 2016.

# O ARTISTA E SUA OBRA

## Ariano Suassuna

Ariano Suassuna foi um dos mais importantes dramaturgos brasileiros. Nascido em João Pessoa, na Paraíba, Suassuna usou sua obra para defender e difundir a cultura nordestina. Em *Auto da Compadecida*, por exemplo, ele criou personagens inspiradas na vida e nos hábitos de homens e mulheres que vivem no sertão.

Em 1947, Suassuna escreveu a peça *Uma mulher vestida de Sol*, seu primeiro texto teatral. Outras peças de sucesso escritas pelo dramaturgo foram *O Santo e a porca* (1958), *Farsa da boa preguiça* (1960) e *O casamento suspeitoso* (1957). Suassuna também escreveu poemas e romances. Suas obras foram traduzidas para diversos idiomas, entre os quais espanhol, francês, inglês, italiano e polonês.

O escritor paraibano Ariano Suassuna, em foto de 2010.

Os atores Fran Dahm, Vini Ferreira, Maria Fernanda Fichel, Luciano Risalde e Bruno Yudi, da Fulano di Tal - Cia. de Teatro, em cena do espetáculo *O santo e a porca*, de Ariano Suassuna, em Campo Grande (MS), em 2015.

Ariano Suassuna idealizou o **Movimento Armorial**, criado na cidade de Recife, em Pernambuco, em 1970. Esse movimento visava valorizar a arte e a cultura popular nordestinas tradicionais em suas diferentes manifestações, como a pintura, a literatura, a música, o teatro e a dança.

Em 1989, Suassuna foi eleito membro da Academia Brasileira de Letras (ABL), em reconhecimento por sua contribuição à arte e à cultura brasileiras.

## AUTO DA COMPADECIDA (TRECHO)

Leia, a seguir, um trecho do *Auto da Compadecida*, escrito por Ariano Suassuna.

"[...]

MANUEL — E agora, nós, João Grilo. Por que sugeriu o negócio pra os outros e ficou de fora?

JOÃO GRILO — Porque, modéstia à parte, acho que meu caso é de salvação direta.

ENCOURADO — Era o que faltava! E a história que estava preparada para a mulher do padeiro?

MANUEL — É, João, aquilo foi grave.

JOÃO GRILO — E o senhor vai dar uma satisfação a esse sujeito, me desgraçando pra o resto da vida? Valha-me Nossa Senhora, mãe de Deus de Nazaré, já fui menino, fui homem...

A COMPADECIDA (*sorrindo*) — Só lhe falta ser mulher, João, já sei. Vou ver o que posso fazer. (*a Manuel*) Lembre-se de que João estava se preparando para morrer quando o padre o interrompeu.

ENCOURADO — É, e apesar de todo o aperreio, ele ainda chamou o padre de cachorro bento.

A COMPADECIDA — João foi um pobre como nós, meu filho. Teve de suportar as maiores dificuldades, numa terra seca e pobre como a nossa. Não o condene, deixe João ir para o purgatório.

JOÃO GRILO — Para o purgatório? Não, não faça isso assim não. (*chamando a Compadecida à parte*) Não repare eu dizer isso, mas é que o diabo é muito negociante e com esse povo a gente pede mais, para impressionar. A senhora pede o céu, porque aí o acordo fica mais fácil a respeito do purgatório.

A COMPADECIDA — Isso dá certo lá no sertão, João! Aqui se passa tudo de outro jeito! Que é isso? Não confia mais na sua advogada?

JOÃO GRILO — Confio, Nossa Senhora, mas esse camarada termina enrolando nós dois!

A COMPADECIDA — Deixe comigo. (*a Manuel*) Peço-lhe então, muito simplesmente, que não condene João.

MANUEL — O caso é duro. Compreendo as circunstâncias em que João viveu, mas isso também tem um limite. Afinal de contas, o mandamento existe e foi transgredido.

A COMPADECIDA — Dê-lhe então outra oportunidade.

MANUEL — Como?

A COMPADECIDA — Deixe João voltar.

MANUEL — Você se dá por satisfeito?

JOÃO GRILO — Demais. Pra mim é até melhor, porque daqui pra lá eu tomo cuidado na hora de morrer e não passo nem pelo purgatório, pra não dar gosto ao Cão.

A COMPADECIDA — Então fica satisfeito?

JOÃO GRILO — Eu fico. Quem deve estar danado é o filho de chocadeira.

(*O Encourado, furioso, volta-se pra João, mas nesse momento, dá um grande grito, depois deita-se no chão e rasteja até onde está a Virgem pra que ela lhe ponha o pé sobre a nuca [cf. Gênesis, 3, 15], saindo após*).

JOÃO GRILO — Que foi que ele teve, meu Deus?

A COMPADECIDA — Na raiva, virou-se para você e me viu.

JOÃO GRILO — Quer dizer que estou despachado, não é?

MANUEL — Não. Vou deixar que você volte, porque minha mãe me pediu, mas só deixo com uma condição.

JOÃO GRILO — Qual é?

MANUEL — Você me fazer uma pergunta a que eu não possa responder. Pode ser?

JOÃO GRILO — Está difícil.

MANUEL — É possível, você que é tão esperto?

JOÃO GRILO — Mais esperto do que eu é o senhor que me criou! Mas vou tentar sempre.

A COMPADECIDA — Isto, João. Tenha coragem, não desanime, que eu estou aqui, torcendo por você.

[...]

JOÃO GRILO — Quer dizer que posso voltar?

MANUEL — Pode, João, vá com Deus!

JOÃO GRILO — Com Deus e com Nossa Senhora, que foi quem me valeu. *(ajoelhando-se diante de Nossa Senhora e beijando-lhe a mão)* Até à vista, grande advogada. Não me deixe de mão não, estou decidido a tomar jeito, mas a senhora sabe que a carne é fraca.

A COMPADECIDA — Até à vista, João.

JOÃO GRILO *(beijando a mão do Cristo)* — Muito obrigado, Senhor. Até à vista.

MANUEL — Até à vista, João.

*(João bota o velho e esburacado chapéu de palha na cabeça e vai saindo.)*

Manuel — João!

JOÃO GRILO — Senhor?

MANUEL — Veja como se porta.

JOÃO GRILO — Sim, senhor.

*(Sai de chapéu na mão, sério, curvando-se.)*

[...]"

SUASSUNA, Ariano. *Auto da Compadecida*. Rio de Janeiro: MEDIAfashion, 2008. p. 133-136 e 138. (Coleção Folha Grandes escritores brasileiros.)

## ATIVIDADE PRÁTICA

- Sob a orientação do professor, reúna-se com três colegas para realizar uma atividade com base no trecho de *Auto da Compadecida* que vocês conheceram. Sigam os procedimentos abaixo.

   a) Leiam novamente o trecho de *Auto da Compadecida* reproduzido na página anterior e nesta.

   b) Organizem uma leitura dramática desse trecho. Em teatro, a leitura dramática é uma etapa de trabalho voltada para a exploração do texto, mesmo que ainda não tenha sido decorado (memorizado) pelos atores. Na leitura dramática, os atores ficam com o texto na mão e o representam por meio dos recursos expressivos da voz, atribuindo à fala as intenções e características das personagens. Dessa forma, podem ser incluídas movimentações dos atores, gestos, expressões faciais, cenários, figurinos, iluminação, efeitos sonoros, entre outros recursos, para incrementar a leitura dramática.

   c) O foco dessa atividade é a experimentação dos recursos vocais como forma de comunicação dos sentidos do texto. Durante a atividade, explore a criação da personagem por meio de sua voz e das maneiras de dizer o texto.

   d) Definam a personagem de cada integrante do grupo e realizem ensaios para treinar a entonação da voz.

   e) Não se esqueçam das rubricas (observações entre parênteses), pois elas fornecem importantes informações e orientações sobre a cena e o comportamento das personagens.

   f) Seguindo as orientações do professor, apresentem a leitura dramática aos demais colegas de turma. Eles serão sua plateia. Lembrem-se de que nas demais apresentações vocês serão a plateia de seus colegas. Vocês podem fazer essa atividade em forma de cena, ou simplesmente em pé ou sentados em semicírculo, de frente para a plateia.

   g) Por fim, sob a orientação do professor, organizem-se em uma roda de conversa para compartilhar suas impressões e experiências sobre a leitura do texto original e a apresentação de uma das cenas da peça.

## ADAPTAÇÕES DE *AUTO DA COMPADECIDA*

As imagens reproduzidas a seguir foram extraídas de *O Auto da Compadecida*, filme dirigido por Guel Arraes e lançado no ano 2000. O filme é uma adaptação do texto original de Ariano Suassuna.

**Trecho do filme *O Auto da Compadecida***

Assista a um trecho do filme *O Auto da Compadecida*, do diretor Guel Arraes.
Disponível em <http://mod.lk/aa8u2t1>

Fotogramas do filme *O Auto da Compadecida* (2000), adaptação da obra de Ariano Suassuna, com direção de Guel Arraes. 1. Os atores Selton Mello e Matheus Nachtergaele (como Chicó e João Grilo); 2. Marco Nanini (o Capitão); 3. Fernanda Montenegro e Maurício Gonçalves (a Compadecida e Manuel); 4. Luís Melo (o Diabo).

Guel Arraes primeiro transformou a história original em uma minissérie de quatro capítulos para a televisão. Depois, fez outras mudanças no texto até chegar ao resultado visto no cinema. Nas adaptações, Arraes inseriu elementos de outras peças de Ariano Suassuna, como *O santo e a porca* e *Torturas de um coração* (1951), e também elementos de *Decamerão* (c. 1349-1351), do escritor italiano Giovanni Boccaccio (1313-1375).

Nas adaptações, os artistas envolvidos no processo (diretor, roteirista etc.) estabelecem um diálogo com a obra original. Em algumas delas, opta-se por mantê-las mais fiéis ao texto que está sendo adaptado, apenas transpondo a obra para outra linguagem artística. No entanto, na atualidade, é muito comum observarmos artistas que realizam cortes ou acréscimos em suas adaptações, atualizando tempo e espaço e mantendo apenas o enredo original.

O diretor Guel Arraes em foto de 2010.

## OUTRAS ADAPTAÇÕES

Antes da adaptação de Guel Arraes, o texto de *Auto da Compadecida* já havia sido adaptado para o cinema. O filme brasileiro *A Compadecida*, de 1969, foi dirigido por George Jonas (1935-2016) e roteirizado por ele e pelo próprio autor, Ariano Suassuna. Participaram desse filme atores conhecidos por suas atuações na televisão, como Regina Duarte no papel da Compadecida, Armando Bógus (1930-1993), como João Grilo, e Antônio Fagundes interpretando Chicó.

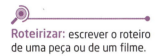

**Roteirizar:** escrever o roteiro de uma peça ou de um filme.

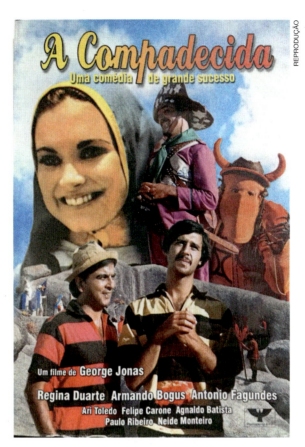

Capa do DVD do filme *A Compadecida* (1969), de George Jonas.

Outra adaptação para o cinema da obra de Ariano Suassuna foi o filme *Os Trapalhões no Auto da Compadecida*. O filme, dirigido por Roberto Farias, foi lançado nos cinemas no ano de 1987 e fez sucesso até em Portugal. No filme, o grupo de comediantes Os Trapalhões representou as famosas personagens da obra *Auto da Compadecida*, fazendo uma divertida e livre adaptação da peça de Suassuna. Os protagonistas dessa adaptação foram os atores Renato Aragão, Dedé Santana, Antônio Carlos Bernardes Gomes (1941-1994), mais conhecido como Mussum, e Mauro Faccio Gonçalves (1934-1990), o Zacarias.

Capa do DVD do filme *Os Trapalhões no Auto da Compadecida*, de Roberto Farias.

## A ORIGEM DO AUTO

Em *Auto da Compadecida*, Ariano Suassuna resgatou elementos do **auto**, gênero teatral surgido na Europa durante a Idade Média. Esse gênero se caracterizava pelo emprego de linguagem simples, para que as mensagens transmitidas fossem compreendidas por todos.

Na Idade Média, a Igreja católica utilizou o auto para propagar os valores do cristianismo por meio da representação de episódios da Bíblia e da vida dos santos. Além dos autos, outros gêneros teatrais foram criados nesse período e todos eles tinham a função de transmitir as crenças e os valores da Igreja. Inicialmente executadas no interior das igrejas, essas peças medievais despertaram o interesse e a participação do povo, saíram do espaço sagrado e ocuparam as ruas e praças com inovações cênicas significativas.

Os autos da Idade Média apresentavam um diálogo entre o bem e o mal, representados por Deus e pelo diabo. Cabia às personagens más o tom cômico das apresentações. A batalha entre a salvação e a condenação, por meio de um julgamento, era a base de grande parte das peças desse período. Nessas peças, geralmente o pecador alcançava a salvação após apelar para a misericórdia divina, e o diabo era enganado no final. Essa é uma clara influência dos autos medievais em *Auto da Compadecida*. No entanto, enquanto no auto medieval os autores usavam o teatro com uma função moralizante, que reforçasse os valores cristãos, Suassuna propõe uma inversão das funções: em sua obra, coloca a misericórdia divina ao lado dos fracos e atormentados pelas condições sociais desumanas e desiguais. Ele não busca apenas propor uma correção moral, mas levar o espectador a refletir sobre as condições de vida miseráveis e as atitudes que dela decorrem.

Nas apresentações medievais, os cenários eram simultâneos, ou seja, estavam sempre visíveis para o público. Esses palcos eram montados em forma de estações, e as cenas aconteciam uma após a outra. O público andava e acompanhava a sequência das cenas. Na imagem a seguir, são representados oito cenários simultâneos. O céu está representado à esquerda, e o inferno, à direita.

Ilustração de cenários produzida por Hubert Cailleau em 1547. Guache e tinta. Biblioteca Nacional da França, Paris.

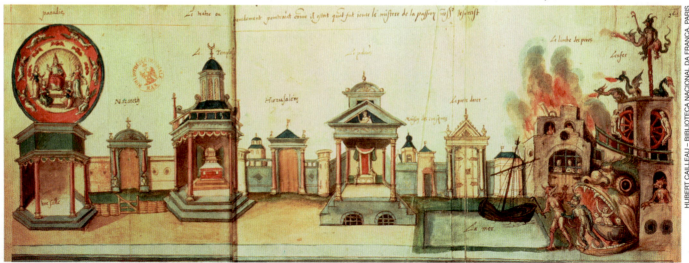

## O TEATRO DE GIL VICENTE

Um dos grandes representantes do auto teatral foi o dramaturgo Gil Vicente (c. 1465-1537), considerado o criador do teatro português. Em seus autos, Gil Vicente criticava os costumes da sociedade portuguesa do século XVI. Ele é autor de obras como *Auto da barca do inferno* (1517), *Auto da Alma* (1518) e *Auto da Lusitânia* (1532).

O *Auto da barca do inferno* é uma das peças mais conhecidas desse autor e, ainda hoje, é montada e adaptada em todo o mundo. Nessa história, todas as personagens estão mortas e chegam a um porto onde há duas embarcações: a do Anjo, que as leva para o paraíso, e a do Diabo, que as conduz para o inferno.

Cada personagem se apresenta para o julgamento e, com base em seus atos durante a vida, o Anjo e o Diabo decidem a barca em que a pessoa deve entrar. Os autos teatrais sempre apresentam situações nas quais as personagens são levadas a rever seus comportamentos, modificando-os e se aproximando de uma conduta moralmente aceita.

*Gil Vicente* (1882), de Antonio Nunes Júnior. Retrato pintado no teto do Salão Nobre dos Paços do Concelho de Lisboa. Arquivo Municipal de Lisboa, Portugal.

Os atores Adilson da Silva, João Paulo, Aline Rosilei Vanin, Bianca Guelere, Ricardo Silva e Luis Fernando, integrantes do grupo Athos, em apresentação do espetáculo *A barca do inferno*, em Curitiba (PR), em 2014. Esse espetáculo teve como referência a obra *Auto da barca do inferno*, de Gil Vicente.

## O AUTO COMO INSTRUMENTO DE CATEQUIZAÇÃO

Na época da chegada dos europeus às terras que hoje constituem o Brasil, muitos padres foram enviados para o local com a missão de catequizar, ou seja, transmitir valores religiosos e converter os povos aqui encontrados. Chamados **jesuítas**, esses padres faziam parte de uma ordem religiosa chamada *Companhia de Jesus*.

O teatro foi um dos instrumentos de catequização utilizados pelos jesuítas. As peças sempre eram acompanhadas de danças e de músicas. Um dos gêneros mais adotados pelos jesuítas era o auto. Colonos e indígenas participavam das montagens teatrais. Em razão disso, os autos sofriam diversas influências culturais, como o acréscimo de personagens da mitologia indígena, o uso da língua nativa nos diálogos e o uso de máscaras, de plumagem e de instrumentos musicais, como chocalhos e apitos. Nas apresentações, além das narrativas **hagiográficas** (de vida dos santos), também eram abordados temas relacionados à realidade local.

Influenciado por Gil Vicente, o padre José de Anchieta (1534-1597) foi um dos grandes responsáveis pela difusão da linguagem teatral entre os indígenas. Ele foi o responsável pela organização da primeira gramática considerada brasileira, em língua tupi. Esse conhecimento da cultura indígena facilitava o contato com os nativos e também a dominação e a catequização desses povos. Mesmo com influências culturais dos indígenas, o teatro de Anchieta impunha a cultura do colonizador aos povos nativos do Brasil. Em decorrência desses processos, muitas das manifestações cênicas, de canto e de dança dos povos indígenas, foram sendo substituídas, e algumas delas deixaram de existir.

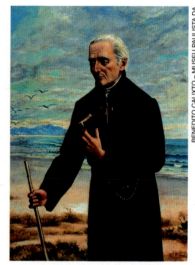

*Padre José de Anchieta* (1902), de Benedito Calixto. Óleo sobre tela, 140 × 100 cm. Museu Paulista da Universidade de São Paulo, São Paulo (SP).

*Poema à Virgem Maria* (1901), de Benedito Calixto. Óleo sobre tela, 68 × 96 cm. Colégio São Luís, São Paulo (SP).

## A arte missioneira

Para facilitar a catequização, os jesuítas instalaram na colônia diversos aldeamentos chamados *missões*. Neles, os religiosos impunham o modo de vida cristão, obrigando os indígenas a abandonar suas crenças e seus valores.

As ruínas que aparecem na foto desta página são da igreja de São Miguel Arcanjo, localizada no sítio arqueológico de São Miguel das Missões, aldeamento fundado no século XVII por jesuítas espanhóis que se instalaram nas terras que correspondem ao atual estado do Rio Grande do Sul. Na missão de São Miguel viviam os Guarani, indígenas que atualmente habitam diversas regiões do Brasil, da Bolívia, do Paraguai e da Argentina.

Para disseminar os valores católicos, além do teatro, os jesuítas utilizaram outras linguagens da arte. Nas missões jesuíticas, por exemplo, os prédios e as imagens sacras tinham função catequética. Para alcançar esse objetivo, os padres jesuítas introduziram elementos do **Barroco** europeu nas construções e nas esculturas missioneiras, consideradas as mais antigas influências do Barroco no Brasil. Como uma das características da arte barroca era o forte apelo emocional, a utilização dessas referências contribuía com os objetivos de dominação dos povos colonizados.

A Igreja de São Miguel Arcanjo, por exemplo, foi construída de acordo com os padrões da arquitetura barroca. Acredita-se que a construção da igreja tenha começado por volta do ano 1735 e tenha durado cerca de dez anos. O projeto da igreja é atribuído a Gian Battista Primoli (1673-1747), arquiteto que atuou em diversos agrupamentos jesuítas na América.

**Catequético:** relativo a catequização.

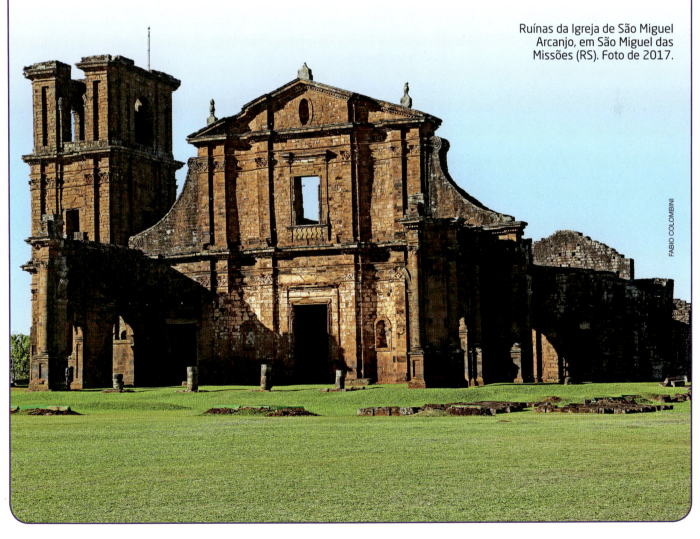

Ruínas da Igreja de São Miguel Arcanjo, em São Miguel das Missões (RS). Foto de 2017.

# TEMA 2
# O TEATRO COMO RETRATO DE UMA ÉPOCA

## O REI DA VELA

Os dramaturgos, muitas vezes, utilizam suas peças teatrais para apresentar sua visão sobre diferentes aspectos da sociedade em que vivem. Um exemplo é a peça *O rei da vela*, de Oswald de Andrade (1890-1954), que, como você aprendeu na Unidade 1, foi um dos nomes mais importantes do Modernismo brasileiro. Essa peça foi escrita em 1933 e publicada em 1937.

Em *O rei da vela*, Oswald de Andrade apresenta uma visão crítica abordando de forma cômica e satírica os costumes e os valores da sociedade da época. Duas das principais personagens da história são Abelardo I e Abelardo II, proprietários da Abelardo & Abelardo, uma empresa de agiotagem (que realiza empréstimo de dinheiro a juros superiores às taxas estabelecidas pelo governo). A palavra *vela*, na época, também era utilizada para se referir à prática da agiotagem, criticada na peça.

A foto desta página mostra uma cena da montagem de *O rei da vela* realizada em 2018 pelo grupo Parlapatões, Patifes e Paspalhões, mais conhecido apenas como grupo Parlapatões.

O ator Hugo Possolo como Abelardo I em cena do espetáculo *O rei da vela*, do grupo Parlapatões, em São Paulo (SP), em 2018. Além de atuar, Hugo Possolo também fez a adaptação do texto original de Oswald de Andrade e dirigiu o espetáculo.

## A MONTAGEM DOS PARLAPATÕES

Em sua montagem de O rei da vela, o grupo Parlapatões realizou uma adaptação do texto original de Oswald de Andrade. Como vimos no Tema anterior, a adaptação é um recurso utilizado pelos artistas para transpor obras de uma linguagem artística para outra (do teatro para o cinema ou a televisão, por exemplo). No entanto, também chamamos *adaptação* quando, em uma mesma linguagem, um grupo de artistas atualiza determinada obra para sua época. Esse é o caso da montagem do grupo Parlapatões.

As atrizes Fernanda Maia, Fernanda Zaborowsky e Camila Turim, do grupo Parlapatões, em cena da peça O rei da vela. São Paulo (SP), 2018.

Nessa versão, os Parlapatões trazem para a cena o autor Oswald de Andrade, personagem que se mostra um narrador inquieto, que expõe a estrutura de sua história. Além disso, a fim de aproximar a obra do atual contexto político, o grupo fez algumas adaptações nos diálogos, inserindo textos da atualidade, bem como cortou algumas cenas e modificou a ordem do texto original, conferindo mais dinamismo à trama.

Uma das marcas da versão de O rei da vela do grupo Parlapatões é a intensa presença da música, que é executada por uma banda ao vivo, durante a encenação. Essa proposta faz parte do trabalho de direção musical, coordenado por Fernanda Maia.

### Direção musical e sonoplastia

No teatro, assim como o texto e a atuação, a trilha sonora tem papel fundamental no desenvolvimento da história. A música pode modificar completamente a sensação da plateia em relação a determinada cena. Muitas vezes, uma cena romântica pode se tornar cômica, dependendo da trilha sonora que a acompanha.

Na montagem de O rei da vela feita pelo grupo Parlapatões, a atriz e musicista Fernanda Maia escolheu uma trilha sonora composta de músicas brasileiras que contêm acentuada crítica social e optou por uma banda, que executa a trilha ao vivo. Isso cria um clima festivo para o espetáculo.

O trabalho de seleção musical e da escolha dos momentos da história que serão acompanhados de determinada música é atribuição do **diretor musical**.

Além da trilha sonora, os sons também são essenciais em uma montagem teatral. Por meio de **efeitos sonoros**, os artistas podem criar, por exemplo, a sensação de uma tempestade ou também de uma explosão. A área que cuida da seleção e da execução dos sons em uma montagem teatral é a **sonoplastia**.

Fernanda Maia também atua como atriz na montagem de O rei da vela do grupo Parlapatões. São Paulo (SP), 2018.

# O ARTISTA E SUA OBRA

## Parlapatões, Patifes e Paspalhões

Integrantes do grupo Parlapatões descaracterizados em ensaio da peça *O rei da vela*. São Paulo (SP), 2018.

Formado há 27 anos, o grupo Parlapatões é um importante coletivo teatral de São Paulo (SP). Os Parlapatões têm uma pesquisa artística dedicada à comédia, ao circo e carregam a herança do Teatro de Revista, levando à cena o humor crítico e provocativo. O grupo utiliza também elementos populares e o improviso para produzir suas obras com temas atuais da vida política do país, dialogando diretamente com o espectador e reforçando o sentido público da arte teatral.

Além de suas montagens de caráter reflexivo, os Parlapatões também participam ativamente da construção de ações de apoio ao teatro e ao circo, tanto em São Paulo quanto em outros lugares do país.

Em seu repertório, há espetáculos de dramaturgia própria, como *Sardanapalo* e *O bricabraque*, e releituras de clássicos da dramaturgia mundial, como *O burguês fidalgo*, do dramaturgo francês Molière (1622-1673), e *As nuvens ou Um deus chamado dinheiro*, adaptação de duas comédias do escritor grego Aristófanes (450-388 a.C.).

Desde 2006, o grupo Parlapatões tem o seu próprio teatro, o Espaço Parlapatões, na região central de São Paulo (SP).

Os atores Hugo Possolo e Livia Camargo em cena do espetáculo *O burguês fidalgo*, de Molière, em São Paulo (SP), em 2013.

## Oswald de Andrade e o teatro moderno no Brasil

Desde jovem, Oswald de Andrade realizou trabalhos como escritor e redator em revistas e jornais. Ao longo de sua carreira, além de atuar como dramaturgo, Oswald se dedicou a outros gêneros literários como a poesia e o romance.

Ele foi um dos mais importantes escritores brasileiros e esteve à frente do Modernismo, movimento que representou uma ruptura na maneira como as artes eram tratadas no país. Foi também Oswald de Andrade quem escreveu o texto que se tornou um marco do movimento modernista brasileiro, o *Manifesto Antropófago*.

Entre as principais reivindicações modernistas estava a criação de uma arte genuinamente brasileira, que "devorasse" as referências das vanguardas europeias (como o Cubismo e o Expressionismo) e as assimilasse em produções nacionais. Além disso, os modernistas se engajaram na politização da arte, convocando os artistas brasileiros a retratar o contexto sociocultural e econômico do Brasil em suas obras.

O teatro, no entanto, foi a única linguagem artística que tardou a assimilar as rupturas modernistas. Mesmo com uma produção específica de peças de teatro escritas por Oswald de Andrade, a renovação nos palcos brasileiros só aconteceu em meados da década de 1940, quando a comédia de costumes cedeu espaço a uma dramaturgia que abordava os problemas do Brasil contemporâneo. O marco do surgimento do **teatro moderno brasileiro** foi a peça *Vestido de noiva*, escrita por Nelson Rodrigues, em 1943.

Oswald de Andrade em c. de 1920.

Mas foi, sem dúvida, Oswald de Andrade quem lançou as bases da moderna dramaturgia brasileira, só reconhecida anos mais tarde na montagem de *O rei da vela* pelo Teatro Oficina, que você vai conhecer nas próximas páginas.

Com a obra de Oswald e de outros dramaturgos como Jorge Andrade (1922-1984) e, depois, Nelson Rodrigues (1912-1980), o teatro passou a incorporar o contexto sociocultural, político e econômico do país, estimulando a ruptura com os convencionalismos do passado e abrindo caminho para o teatro moderno brasileiro.

Confira no vídeo indicado abaixo como se desenvolveu o teatro moderno no Brasil.

### PARA LER

- ***Oswald de Andrade***, de Carla Caruso. 2. ed. São Paulo: Callis, 2011.

  O livro aborda a vida e obra do escritor Oswald de Andrade, trazendo a concepção artística inovadora do artista e sua coragem diante da sociedade conservadora de seu tempo. A obra apresenta fotos, imagens, ilustrações e poemas de Oswald, que foi uma das maiores personalidades da arte brasileira.

**Entrevista com o pesquisador de teatro Sérgio de Carvalho**

Nessa entrevista, o diretor Sérgio de Carvalho fala do surgimento do teatro moderno no Brasil.
Disponível em <http://mod.lk/aa8u2t2>

## O TEXTO DE O REI DA VELA

A peça *O rei da vela* é dividida em três atos. Grande parte da história se passa no escritório da Abelardo & Abelardo, no qual os proprietários recebem clientes que passam por dificuldades financeiras. Abelardo II é caracterizado como um domador de feras. Ele usa um chicote para atender seus clientes, que ficam presos em uma jaula.

Na história, Oswald de Andrade faz uma crítica ao modo como a burguesia explora as pessoas mais simples, se alia aos latifundiários falidos e depende do capital estrangeiro, em um movimento cíclico.

**Ato:** divisão da peça em partes de igual importância em função do tempo e do desenvolvimento da ação.

Os atores Conrado Sardinha (Abelardo II), Camila Turim e Hugo Possolo em cena de *O rei da vela*, do grupo Parlapatões. São Paulo (SP), 2018.

Leia a seguir um trecho do primeiro ato de *O rei da vela*, escrita por Oswald de Andrade.

### Abelardo I, Abelardo II e O Cliente

"ABELARDO I (*Sentado em conversa com O Cliente. Aperta um botão, ouve-se um forte barulho de campainha.*) – Vamos ver...

ABELARDO II (*Veste botas e um [traje] completo de domador de feras. Usa pastinha e enormes bigodes retorcidos. Monóculo. Um revólver à cinta.*) – Pronto, seu Abelardo.

ABELARDO I – Traga o dossiê desse homem.

ABELARDO II – Pois não! O seu nome?

O CLIENTE (*Embaraçado, o chapéu na mão, uma gravata de corda no pescoço magro.*) – Manoel Pitanga de Moraes.

ABELARDO II – Profissão?

O CLIENTE – Eu era proprietário quando vim aqui pela primeira vez. Depois fui dois anos funcionário da Estrada de Ferro Sorocabana. O empréstimo, o primeiro, creio que foi feito para o parto. Quando nasceu a menina...

ABELARDO II – Já sei. Está nos IMPONTUAIS. (*Entrega o dossiê reclamado e sai.*)

ABELARDO I (*Examina.*) – Veja! Isto não é comercial, seu Pitanga! O senhor fez o primeiro empréstimo em fins de 29. Liquidou em maio de 1931. Fez outro em junho de 31, estamos em 1933. Reformou sempre. Há dois meses suspendeu o serviço de juros... Não é comercial...

O CLIENTE – Exatamente. Procurei o senhor a segunda vez por causa da demora de pagamento na Estrada, com a Revolução de 30. A primeira foi para o parto. A criança já tinha dois anos. E a Revolução de 30... Foi um mau sucesso que complicou tudo...

ABELARDO I – O senhor sabe, o sistema da casa é reformar. Mas não podemos trabalhar com quem não paga juros... Vivemos disso. O senhor cometeu a maior falta contra a segurança do nosso negócio e o sistema da casa...

O CLIENTE – Há dois meses somente que não posso pagar juros.

ABELARDO I – Dois meses. O senhor acha que é pouco?

O CLIENTE – Por isso mesmo é que eu quero liquidar. Entrar num acordo. A fim de não ser penhorado. Que diabo! O senhor tem auxiliado tanta gente. É o amigo de todo mundo... Por que comigo não há de fazer um acordo?

ABELARDO I – Aqui não há acordo, meu amigo. Há pagamento!

O CLIENTE – Mas eu me acho numa situação triste. Não posso pagar tudo, seu Abelardo. Talvez consiga um adiantamento para liquidar...

ABELARDO I – Apesar de sua impontualidade, examinaremos as suas propostas...

O CLIENTE – Mas eu fui pontual dois anos e meio. Paguei enquanto pude! A minha dívida era de um conto de réis. Só de juros eu lhe trouxe aqui nesta sala mais de dois contos e quinhentos. E até agora não me utilizei da lei contra a usura...

ABELARDO I (*Interrompendo-o, brutal.*) – Ah! meu amigo. Utilize-se dessa coisa imoral e iníqua. Se fala de lei de usura, estamos com as negociações rotas... Saia daqui!

O CLIENTE – Ora, seu Abelardo. O senhor me conhece. Eu sou incapaz!

ABELARDO I – Não me fale nessa monstruosidade porque eu o mando executar hoje mesmo. Tomo-lhe até a roupa, ouviu? A camisa do corpo.

O CLIENTE – Eu não vou me aproveitar, seu Abelardo. Quero lhe pagar. Mas quero também lhe propor um acordo. A minha situação é triste... Não tenho culpa de ter sido dispensado. Empreguei-me outra vez. Despediram-me por economia. Não ponho minha filhinha na escola porque não posso comprar sapatos para ela. Não hei de morrer de fome também. Às vezes não temos o que comer em casa. Minha mulher agora caiu doente. No entanto, sou um homem habilitado. Tenho procurado inutilmente emprego por toda a parte. Só tenho recebido nãos enormes. Do tamanho do céu! Agora, aprendi escrituração, estou fazendo umas escritas. Uns biscates. Hei de arribar... Quero ver se adiantam para lhe pagar.

ABELARDO I – Mas, enfim, o que é que o senhor me propõe?

O CLIENTE – Uma pequena redução no capital.

ABELARDO I – No capital! O senhor está maluco! Reduzir o capital? Nunca!

O CLIENTE – Mas eu já paguei mais do dobro do que levei daqui...

ABELARDO I – Me diga uma coisa, seu Pitanga. Fui eu que fui procurá-lo para assinar este papagaio? Foi o meu automóvel que parou diante do seu casebre para pedir que aceitasse o meu dinheiro? Com que direito o senhor me propõe uma redução no capital que eu lhe emprestei?

O CLIENTE (*Desnorteado*) – Eu já paguei duas vezes...

ABELARDO I – Suma-se daqui! (*Levanta-se.*) Saia ou chamo a polícia. É só dar o sinal de crime neste aparelho. A polícia ainda existe...

O CLIENTE – Para defender os capitalistas! E os seus crimes!

ABELARDO I – Para defender o meu dinheiro. Será executado hoje mesmo. (*Toca a campainha.*) Abelardo! Dê ordens para executá-lo! Rua! Vamos. Fuzile-o. É o sistema da casa.

O CLIENTE – Eu sou um covarde! (*Vai chorando.*) O senhor abusa de um fraco, de um covarde!

(*Menos o cliente.*)

ABELARDO I – Não faça entrar mais ninguém hoje, Abelardo.

ABELARDO II – A jaula está cheia... seu Abelardo!

ABELARDO I – Mas esta cena basta para nos identificar perante o público. Não preciso mais falar com nenhum dos meus clientes. São todos iguais. Sobretudo não me traga pais que não podem comprar sapatos para os filhos...

[...]"

ANDRADE, Oswald de. *O rei da vela.* Rio de Janeiro: MediaFashion, 2008. p. 13-17. (Coleção Folha Grandes Escritores Brasileiros)

## ATIVIDADES

1. Leia o texto e procure no dicionário o significado das palavras que você não conhece. Registre os resultados no caderno.

2. Faça uma pesquisa sobre a Revolução de 1930 e a Lei da Usura. Depois, responda: qual é a importância de saber informações sobre esse acontecimento e essa lei para a compreensão do texto? No que isso poderia ser importante para um entendimento mais amplo do texto?

## A MONTAGEM DO TEATRO OFICINA

A primeira montagem do espetáculo *O rei da vela* ocorreu em 1967 e foi feita pelo Teatro Oficina, grupo fundado em São Paulo em 1958. No início, o Teatro Oficina era um projeto estudantil e, com o tempo, profissionalizou-se e tornou-se um dos mais influentes e importantes grupos de teatro do Brasil. Em 1984, passou a se chamar Teat(r)o Oficina Uzyna Uzona.

Ao encenar *O rei da vela*, o Teatro Oficina transportou o texto de Oswald de Andrade para a realidade brasileira da década de 1960, promovendo uma reflexão a respeito de questões políticas e sociais do Brasil da época. A montagem de *O rei da vela* de 1967 foi dirigida por José Celso Martinez Corrêa, um dos idealizadores e líderes do Teatro Oficina.

Essa montagem teve em seu elenco atores como Dina Sfat (1938-1989), Esther Góes, Fernando Peixoto (1937-2012), Ítala Nandi, Othon Bastos e Renato Borghi.

Veja registros dessa montagem nas fotos em preto e branco reproduzidas a seguir.

José Celso Martinez Corrêa em foto de 2018.

O ator Renato Borghi interpreta a personagem Abelardo I em montagem de *O rei da vela* realizada pelo Teatro Oficina, em São Paulo (SP), em 1967.

Os atores Edgard Gurgel Aranha (em primeiro plano), Etty Fraser e Renato Borghi (sentados, ao fundo) em cena de *O rei da vela*, do Teatro Oficina. São Paulo (SP), 1967.

## CINQUENTA ANOS DEPOIS

Em 2017, o Teatro Oficina fez uma remontagem da peça *O rei da vela* em comemoração aos cinquenta anos de sua estreia. José Celso Martinez Corrêa dirigiu essa remontagem e também atuou. Do elenco original participou o ator Renato Borghi, que, mais uma vez, interpretou a personagem Abelardo I.

Observe as fotos reproduzidas a seguir.

Renato Borghi volta a interpretar a personagem Abelardo I na remontagem de *O rei da vela*, realizada pelo Teatro Oficina, em 2017, em São Paulo (SP).

Elenco do Teatro Oficina na remontagem de *O rei da vela*. No primeiro plano, de vestido longo e chapéu preto, José Celso Martinez Corrêa interpreta a personagem Dona Poloquinha. São Paulo (SP), 2017.

### O diretor e encenador teatral

Você viu nas páginas anteriores que José Celso Martinez Corrêa foi o responsável pelas montagens de *O rei da vela* realizadas pelo Teatro Oficina em 1967 e em 2017.

Na montagem de uma peça, o papel do **diretor teatral** é muito importante. Entre as funções do diretor estão: a escolha do elenco, a orientação dos atores em sua interpretação e movimentação no palco e também a organização dos ensaios.

Além desse trabalho organizacional, o diretor teatral também assume a função de **encenador**. Uma das atribuições do encenador é escolher materiais disparadores para o processo criativo (imagens, textos, temas) e a definição dos elementos artísticos que serão adotados na montagem. É o encenador quem articula as diferentes artes do palco (atuação, sonoplastia, iluminação, cenografia, figurinos, dramaturgia) e busca dar à sua montagem um discurso próprio, para além do texto. É tarefa do encenador a perspectiva estética da montagem teatral, escolhendo estilos de representação e, quando é o caso, criando uma linguagem específica para o texto que será encenado.

## A CONCEPÇÃO VISUAL

A concepção visual é um dos aspectos mais importantes de um espetáculo teatral. Entre os elementos visuais que compõem a construção de uma peça estão os cenários e os figurinos.

Nas duas montagens de *O rei da vela* realizadas pelo Teatro Oficina, o responsável pelo desenvolvimento desses elementos foi o cenógrafo Hélio Eichbauer (1941-2018).

Ao criar os cenários para *O rei da vela*, algumas das referências de Hélio Eichbauer foram o circo, o cinema mudo e obras de pintores modernistas como Lasar Segall (1891-1957), Anita Malfatti (1889-1964) e Tarsila do Amaral (1886-1973). Um dos elementos cenográficos mais marcantes é um grande telão que recria a Baía da Guanabara, ponto turístico da cidade do Rio de Janeiro. Veja a seguir uma reprodução do desenho desse telão e compare com as fotos das páginas anteriores.

Hélio Eichbauer, em foto de 2006.

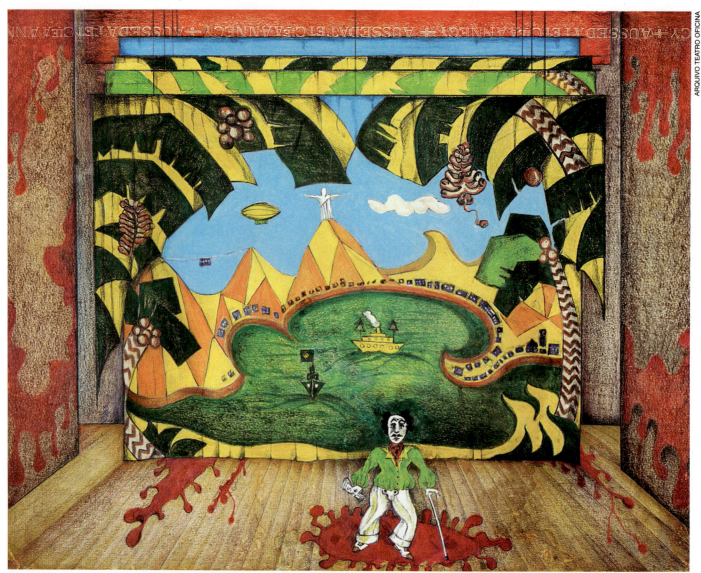

Desenho de cenário criado por Hélio Eichbauer para a montagem original de *O rei da vela*, em 1967.

## OS FIGURINOS

Para a criação dos figurinos, Hélio Eichbauer reuniu muitas referências. As cores das bandeiras do Brasil, do estado de São Paulo e dos Estados Unidos e os ternos brancos utilizados pelos políticos na década de 1930 são alguns dos elementos presentes nos figurinos de *O rei da vela* do Teatro Oficina. Além disso, os figurinos também contam com um estilo irreverente, que não busca reproduzir a realidade, mas apresentar as características principais de cada personagem e localizar sua função social.

Veja, abaixo, dois desenhos dos figurinos de *O rei da vela*. Note que a personagem Dona Poloquinha apresenta como uma das características a devoção religiosa (observe as cruzes e os rosários que compõem seu figurino), além de utilizar vestimentas que fazem referência a um passado mais distante. O outro desenho refere-se ao figurino de Abelardo II no final da peça, depois de ter roubado Abelardo I. Note como a personagem é retratada de modo semelhante a um "mafioso".

A maquiagem também é um aspecto fundamental da caracterização das personagens. Na montagem de *O rei da vela*, em 1967, Hélio Eichbauer se inspirou na irreverência dos palhaços para criar máscaras de tinta no rosto dos atores, destacando e exagerando alguns traços fundamentais da função social dessas personagens e transformando-as em caricaturas.

Desenhos de figurinos criados por Hélio Eichbauer para a montagem original de *O rei da vela*, em 1967.

### O desenho como projeto

O desenho é utilizado nas diferentes áreas das artes como ferramenta para o processo criativo. Por meio das linhas do desenho, o artista representa graficamente suas ideias a respeito de um projeto. Foi o que fez Hélio Eichbauer ao criar os cenários e os figurinos para a montagem de *O rei da vela*.

Os desenhos são fundamentais no processo de montagem de um espetáculo teatral, pois apresentam ao encenador e à equipe da peça as ideias do figurinista e do cenógrafo, dando a dimensão da concepção visual que o espetáculo poderá ter. Além disso, o desenho também é a base pela qual os costureiros e os cenotécnicos vão produzir o figurino e os cenários.

# ATITUDES PARA A VIDA

## Cenas alegóricas

A linguagem figurada é caracterizada pela prática de falar sobre uma coisa para dizer outra. Na Grécia antiga, Esopo ficou conhecido por criar fábulas como "A raposa e as uvas", na qual uma raposa tenta, sem sucesso, pegar um cacho de uvas. Como ela não consegue fazer isso, desdenha essas uvas, dizendo que elas estavam verdes. Essa breve narrativa pode ser usada, de maneira figurada, para falar sobre o comportamento de pessoas que desqualificam aquilo que elas desejavam e não conseguiram tomar para si.

A **alegoria** é uma forma de linguagem figurada mais complexa que uma simples metáfora. Esta consiste em empregar uma palavra em lugar de outra, com a qual ela guarda relação de semelhança. A alegoria, por sua vez, pode ser entendida como uma história que tem como objetivo explicar um conjunto de ideias, ou seja, ela é composta de várias metáforas que se relacionam entre si para explicar, por exemplo, a forma de agir de algumas pessoas – como na alegoria da raposa e das uvas –, a causa de determinados problemas da vida em sociedade, conceitos abstratos e metafísicos etc.

No século XX, as alegorias foram amplamente usadas na literatura e no teatro do mundo todo como forma de evidenciar problemas sociais. No teatro brasileiro, essa forma de representação alegórica foi usada em diversos momentos como uma maneira de driblar a censura e a vigilância de uma ditadura militar que impedia os artistas de falarem diretamente de problemas que a população enfrentava na época ou mesmo das ideias de alguns pensadores, vistos como perigosos ou "subversivos".

Estátua em bronze da deusa da Justiça, em Frankfurt, Alemanha. Foto de 2016. As representações do conceito de justiça costumam envolver elementos metafóricos como a balança, que representa o ato de julgar a conduta dos envolvidos em uma situação conflituosa para alcançar um estado de equilíbrio, e a espada, que simboliza a aplicação da pena, ou seja, o castigo que os culpados vão receber.

**Metafísico:** em Filosofia, a palavra se refere à indagação sobre conceitos que ultrapassam nossa experiência cotidiana e constituem princípios a partir dos quais tudo aquilo que conhecemos por nossos sentidos se construiria.

### QUESTÕES

1. Pensando no resumo da fábula "A raposa e as uvas", explique o que a raposa simboliza, assim como o cacho de uva e o comportamento da raposa em relação a ele.

2. Em grupo com alguns colegas, vocês vão criar uma **cena alegórica** usando a modalidade conhecida como "estátua viva". Cada integrante do grupo desempenhará o papel de uma personagem, mas sem falas nem movimentos. A ideia é que cada um crie uma posição e uma gestualidade que simbolizem diferentes ideias para fazer uma alegoria sobre um problema social ou filosófico: a desigualdade social, a busca por liberdade, a forma como nossas emoções estão sempre se transformando, o envelhecimento, a violência em nossa sociedade ou qualquer outro problema que vocês considerem importante discutir.

3. Conversem com os colegas e o professor sobre o que vocês pensaram para criar a cena de "estátua viva" e expliquem de que forma essa cena traduz problemas sociais ou ideias que vocês conhecem. Discutam também sobre como vocês se sentiram fazendo o papel de estátuas. Como vocês relacionariam as atitudes de **questionar e levantar problemas, assumir riscos com responsabilidade e pensar de maneira interdependente** com a experiência de fazer essa cena?

# ATIVIDADE PRÁTICA

- Nesta Unidade você estudou aspectos da obra *O rei da vela*, de Oswald de Andrade, bem como das montagens dessa peça feitas pelo Teatro Oficina (1967 e 2017) e pelo grupo Parlapatões. Agora é a sua vez de se aventurar em uma experiência teatral considerando alguns aspectos dessa obra.

**a)** Reúnam-se em grupos de três a cinco alunos e, sob a orientação do professor, construam uma nova cena com as personagens da história. Vocês terão liberdade para criar qualquer situação, desde que tenham como referência a descrição de personagens apresentada pelo professor.

**b)** Decidam coletivamente as personagens da peça que estarão na cena de seu grupo. Então, escolham o lugar em que a cena vai se passar, como, por exemplo, na fila de um banco, em um restaurante, em uma sala de entrevistas. Após definir o lugar onde a cena vai acontecer, decidam qual será a situação apresentada na cena, que pode ser um comício político ou um jantar sofisticado. É importante que sua escolha apresente novas situações para as personagens de Oswald de Andrade, adaptando os temas trabalhados na obra para o atual contexto histórico, econômico e social.

**c)** Improvisem essa nova cena diante de seus colegas da turma. Para realizar essa improvisação, podem ser utilizados outros elementos que auxiliem na construção da cena, como mesas, cadeiras, objetos que estejam disponíveis e mesmo músicas que possam ser executadas durante a apresentação.

**d)** Depois que todos os grupos se apresentarem, seguindo as orientações do professor, formem uma roda com toda a turma e conversem sobre a atividade realizada. A seguir, algumas questões que podem ser discutidas.

- Quais foram suas impressões sobre o processo de preparação para a apresentação?

---

- Quais foram suas principais dificuldades na preparação e na realização da atividade?
  E quais foram as do seu grupo?

---

- O que mais chamou sua atenção em cada uma das apresentações?

---

- As cenas apresentadas se relacionavam com o atual contexto histórico?

---

- Foi possível reconhecer algumas das características da obra de Oswald de Andrade nas cenas apresentadas?

---

- As características das personagens ficaram evidentes durante as apresentações?

---

- Todos tiveram a oportunidade de participar e de decidir sobre a cena apresentada? De que forma isso foi decidido pelo grupo?

---

# TEMA 3

# O TEATRO COMO ATO POLÍTICO

## TEATRO E RESISTÊNCIA

Você aprendeu nas páginas anteriores que, em 1967, o Teatro Oficina encenou pela primeira vez a peça *O rei da vela*, de Oswald de Andrade. Nessa época, o Brasil estava sob o Regime Militar, período da história que se estendeu de 1964 a 1985 e se caracterizou pela concentração do poder político nas mãos das Forças Armadas.

Os anos de ditadura imposta pelo Regime Militar foram marcados pela supressão de muitos direitos constitucionais, entre os quais o de liberdade de expressão, ou seja, o de expressar ideias e opiniões sem sofrer censura ou controle. Com isso, produções artísticas de diferentes linguagens foram proibidas por órgãos de censura do governo. Durante os anos de ditadura, o governo chegou a proibir a exibição de mais de quatrocentas peças teatrais. Os censores, muitas vezes, liam os roteiros, faziam cortes nos textos e, depois, assistiam a uma apresentação das peças, sem público, antes da estreia.

As atrizes Eva Todor (1919-2017), Tônia Carrero (1922-2018), Eva Wilma, Leila Diniz (1945-1972), Odete Lara (1929-2015) e Norma Bengell (1935-2013) durante protesto contra o Regime Militar, no Rio de Janeiro (RJ), em 1968.

A montagem de *O rei da vela* do Teatro Oficina, por exemplo, sofreu constantes tentativas de censura. O grupo apresentou a peça; no entanto, pouco tempo depois, trechos do texto original de Oswald de Andrade foram vetados pelos censores, e a encenação chegou a ser proibida.

## RODA VIVA

A censura também atingiu *Roda viva*, a primeira peça de teatro escrita pelo cantor, compositor, escritor e dramaturgo Chico Buarque de Holanda. Essa comédia musical foi escrita em 1967, estreou um ano depois no Rio de Janeiro (RJ) e teve também como diretor José Celso Martinez Corrêa. *Roda viva* conta a história de Benedito da Silva, um cantor que alcança o sucesso graças a seu empresário, que usa o poder da televisão e da indústria fonográfica para torná-lo popular.

**Indústria fonográfica:** setor responsável pela produção e distribuição de mídias sonoras, como discos de vinil, CDs, MP3 etc.

A peça *Roda viva* contou com um coro que entoava diversas canções ao longo do espetáculo. A principal delas tem o mesmo nome que a peça e foi escrita por Chico Buarque especialmente para ser a canção-tema do espetáculo.

Atores em cena na peça *Roda viva*, no Rio de Janeiro (RJ), em 1968.

O caráter crítico de *Roda viva* incomodou pessoas ligadas ao Regime Militar e, em 1968, durante uma apresentação da peça em São Paulo (SP), um grupo de pessoas invadiu o teatro, agrediu artistas e depredou o cenário. No mesmo ano, o elenco voltou a sofrer um ataque durante uma apresentação em Porto Alegre (RS). Após esse episódio, a peça foi censurada. Chico Buarque chegou a ser detido e levado ao Ministério do Exército para prestar depoimento sobre o conteúdo da peça, considerado transgressor.

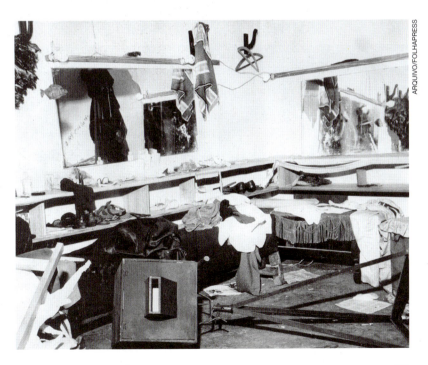

Camarim do Teatro Ruth Escobar, em São Paulo (SP), destruído após apresentação da peça *Roda viva*, em 1968.

## O TEATRO DE ARENA

Outro grupo que se destacou por sua atuação política foi o Teatro de Arena, fundado em São Paulo (SP) em 1953. O nome *Arena* deve-se à proposta desse grupo teatral, que é apresentar-se em um palco circular e organizar as cenas diante do público.

Uma produção do Teatro de Arena que merece destaque é a peça *Arena conta Zumbi*, de 1965. Com conteúdo histórico e político, o texto foi escrito por Gianfrancesco Guarnieri (1934-2006) e Augusto Boal (1931-2009), e as canções, compostas por Edu Lobo. A peça ressaltava a luta do líder quilombola Zumbi dos Palmares (1655-1695). Naquele momento, encenar a vida de Zumbi significava enfatizar a importância da resistência à opressão do Regime Militar. Com essa peça, os artistas sugeriam que os brasileiros se inspirassem em Palmares na luta por uma sociedade mais justa e solidária. Assim como Zumbi lutara contra os senhores de escravos, os brasileiros deveriam fazer oposição aos militares.

O Teatro de Arena trouxe inovações na forma de fazer teatro no Brasil; não resistiu, porém, à perseguição do regime e foi fechado em 1972. O formato de espetáculos instituído pelo Arena, no entanto, se espalhou pelo país. Na década de 1990, o espaço ocupado pelo Teatro de Arena foi reativado com o nome Teatro Experimental Eugênio Kusnet.

Fachada do Teatro de Arena. Foto sem data.

Apresentação da peça *Arena conta Zumbi* no Teatro de Arena, em São Paulo (SP), em 1966.

# O ARTISTA E SUA OBRA

## Augusto Boal

Augusto Boal nasceu em 1931, no Rio de Janeiro. Foi um dos mais importantes diretores e pesquisadores teatrais brasileiros, além de dramaturgo e autor de diversos livros.

Boal estudou teatro nos Estados Unidos e, em seu retorno ao Brasil, aproximou-se do Teatro de Arena, ministrando cursos sobre novas formas de representação e, mais tarde, integrando o grupo com o qual escreveu e dirigiu muitos espetáculos. No Arena foi um dos responsáveis por trazer à cena textos de autores brasileiros, discutindo questões sociais e do contexto político.

Seu engajamento e sua luta por uma sociedade mais justa e livre da repressão o levaram a participar de inúmeras iniciativas de resistência política por meio da arte. Uma delas foi o show *Opinião*, no qual dirigiu artistas como Zé Keti (1921-1999), João do Vale (1934-1996), Nara Leão (1942-1989) e, mais tarde, Maria Bethânia. O grupo surgiu no Centro Popular de Cultura (CPC), da União Nacional dos Estudantes, e pretendia fazer um teatro de protesto, articulando movimentos populares e o talento musical de seus integrantes. Seu nascimento está diretamente ligado à luta contra o Regime Militar, instaurado no Brasil a partir de 1964 e que colocou o CPC na ilegalidade.

Em seu intenso trabalho na luta contra a ditadura, Boal foi levado à prisão e mais tarde ao exílio. Foi nesse período em que viveu fora do Brasil que desenvolveu e divulgou grande parte de seus estudos sobre o Teatro do Oprimido, passando por diversos países, como Argentina, França e Portugal. Com o fim da ditadura, voltou ao Brasil e fundou o Centro de Teatro do Oprimido (CTO), no Rio de Janeiro, onde desenvolveu por toda sua vida atividades como palestras, cursos e montagens, disseminando o Teatro do Oprimido pelo Brasil e pelo mundo. Boal faleceu em 2009.

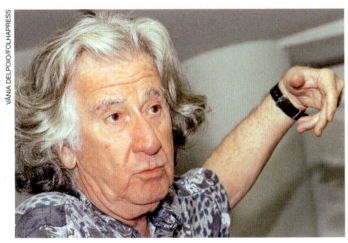

Augusto Boal em foto de 2000.

A cantora e compositora Nara Leão participa do show *Opinião*, em São Paulo (SP), em 1965.

## O SISTEMA CORINGA

Com a peça *Arena conta Zumbi*, o Teatro de Arena inaugurou uma técnica teatral chamada **sistema coringa**. Nesse sistema, desenvolvido por Augusto Boal, a mesma personagem pode ser representada por diferentes atores. Ou seja, as personagens têm características básicas que são repetidas na atuação de cada integrante do elenco (como se fosse uma mesma máscara para todos), mas também ganham aspectos específicos na interpretação de cada ator.

Mais tarde, com a peça *Arena conta Tiradentes*, o sistema coringa foi aprimorado, e o ator que fazia o coringa exercia a função de narrador ou mestre de cerimônias, comentando os acontecimentos da peça com os espectadores.

### O teatro de Bertolt Brecht

Bertolt Brecht (1898-1956) foi um dos mais importantes dramaturgos do século XX.

O sistema coringa foi criado por Augusto Boal com base em técnicas empregadas por Brecht. As criações desse dramaturgo alemão foram fortemente influenciadas pelos acontecimentos políticos e sociais da Alemanha pós-guerra, trazendo para a cena temas urgentes para a sociedade de seu tempo e dando origem a uma nova forma de fazer teatro.

Para Brecht, o palco não deveria ser uma imitação da realidade, mas, sim, revelar ao espectador que ali, sobre os tablados, se contava uma história e que essa história era reflexo da visão de mundo daqueles que a contavam. Desse modo, o espectador poderia tornar-se consciente de que a história não está previamente determinada, mas pode ser construída e contada de diferentes pontos de vista.

Bertolt Brecht em foto de 1954.

Nas diferentes fases de seu trabalho, Brecht experimentou inúmeros recursos cênicos e dramatúrgicos que pudessem potencializar essa relação com os espectadores, como a utilização de canções, cartazes explicativos, projeções de imagens, convocando a atenção da plateia para a discussão política proposta pela peça. Com relação à atuação, Brecht propunha que os atores não se transformassem completamente em suas personagens, fazendo o público acreditar que estavam diante de uma "pessoa real", mas conduzia seus atores por meio de um efeito de "distanciamento" ou "estranhamento", em que se evidenciavam os gestos da personagem de acordo com sua função social. Desse modo, em seus textos e encenações, os atores assumiam a função de narradores, contando ao público quem eram as suas personagens e as apresentando como uma obra de ficção.

## AUGUSTO BOAL E O TEATRO DO OPRIMIDO

Criado por Augusto Boal na década de 1960, o **Teatro do Oprimido** é um método teatral que reúne diversos exercícios, jogos e técnicas. Utilizando o teatro como ferramenta de trabalho para a ação política, social, ética e estética, esse método busca contribuir para a transformação social.

O método tem a palavra *oprimido* no nome porque, segundo Boal, a sociedade está dividida em dois grupos: o dos opressores e o dos oprimidos. Cabe ao teatro, segundo ele, levar os espectadores a repensar e a transformar a realidade e a sociedade em que vivem, eliminando a passividade diante das ações representadas no palco.

Uma das técnicas utilizadas no Teatro do Oprimido é o **teatro-jornal**, que consiste na seleção e na interpretação de notícias de jornal de diversas maneiras, tendo a improvisação e a espontaneidade como principais ferramentas. Por meio do teatro-jornal, o público tem a possibilidade de viver situações relatadas nos jornais, acrescentando a elas experiências pessoais, refletindo, desse modo, sobre a vida cotidiana e criando oportunidades de encontrar saídas ou desfechos.

Em 1980, o Teatro do Oprimido voltava a um palco paulistano com a encenação da peça *Como de costume*, no Tetro Ruth Escobar, tendo à frente seu criador, Augusto Boal.

Experimentos do Teatro do Oprimido em Paris, França, em 1975.

# ATIVIDADES PRÁTICAS

1. Agora que você conhece o sistema coringa, participe com seus colegas de um jogo teatral. Esse jogo faz parte do repertório de práticas elaboradas por Augusto Boal para o trabalho com seus atores e nas oficinas do Teatro do Oprimido.

   a) Seguindo a orientação do professor, vocês vão criar personagens que serão representadas por todos.

   b) Fiquem em pé e formem um círculo. Dois alunos vão ao centro da roda e começam um diálogo sobre qualquer assunto. O tema da conversa pode ser sugerido pelos colegas. Nesse diálogo, os dois alunos devem criar formas específicas de falar e se deslocar pelo espaço, experimentando diferentes entonações de voz, posturas e jeitos de caminhar. O foco da cena é a criação da personagem.

   c) Após um tempo, o professor vai congelar a cena, e os dois atores devem ser substituídos por uma nova dupla; no entanto, as características das personagens devem ser mantidas (entonação, jeitos de caminhar etc.). O jogo prosseguirá até que todos tenham participado.

   d) Ao final do jogo, todos terão contribuído para a criação das personagens e da cena e terão representado a personagem dentro do sistema coringa.

2. Reúna-se com cinco colegas e escolham uma notícia de jornal para fazer o exercício do teatro-jornal.

   a) Leiam a notícia atentamente, conversando sobre quais são os pontos mais importantes apresentados.

   b) Sob orientação do professor, seu grupo deverá apresentar uma imagem coletiva que represente a notícia. Essa imagem deve ser construída com o corpo de vocês, como uma fotografia tridimensional.

   c) Após a apresentação dessa imagem, mostrem outras duas imagens congeladas: a do passado e a do futuro com relação à imagem inicial, criando uma espécie de história em quadros. A plateia deve sugerir títulos para cada um dos quadros.

   d) Construam uma cena com base nas três imagens estáticas criadas nas etapas anteriores. Nessa cena, vocês poderão utilizar falas, figurinos, adereços, cenários etc. Aproveitem os títulos sugeridos no item **c** para criar a história. No dia agendado pelo professor, organizem o espaço da plateia e apresentem a cena.

3. Após as apresentações, sob a orientação do professor, formem um círculo e conversem sobre a experiência. A fim de organizar suas ideias, antes de começar a conversa, anote a seguir suas percepções sobre estas atividades.

_____
_____
_____
_____

## ORGANIZAR O CONHECIMENTO

1. O que é um **auto** e o que o caracteriza?

   _____

   _____

   Se você errou essa resposta, retome a leitura do tópico "A origem do auto".

2. O que caracteriza os autos de Ariano Suassuna e os diferencia dos autos medievais?

   _____

   _____

   Se você errou essa resposta, retome a leitura do tópico "A origem do auto".

3. Identifique cada uma das afirmativas a seguir como verdadeira (V) ou falsa (F).

   ( ) O Movimento Armorial, lançado em 1970 na cidade do Recife, em Pernambuco, foi idealizado por Ariano Suassuna. Visava à valorização das diferentes manifestações da arte e da cultura popular nordestinas tradicionais, como a pintura, a literatura, a música, o teatro e a dança.
   Se você errou essa resposta, retome a leitura da seção "O artista e sua obra: Ariano Suassuna".

   ( ) Um dos grandes representantes do auto teatral, considerado o criador do teatro português, foi o dramaturgo Gil Vicente. Seus autos criticavam os costumes da sociedade portuguesa do século XVI. Ele é autor das obras *Auto da Compadecida* e *Auto da Alma*.
   Se você errou essa resposta, retome a leitura da página 65.

   ( ) O *Auto da Lusitânia* é a peça mais conhecida de Gil Vicente. Nessa história, todas as personagens estão mortas e chegam a um porto onde há duas embarcações: a do Anjo, que as leva ao paraíso, e a do Diabo, que as conduz ao inferno.
   Se você errou essa resposta, retome a leitura do tópico "O teatro de Gil Vicente".

   ( ) O trabalho do padre José de Anchieta foi importante para inserir a linguagem teatral entre os indígenas. Seu conhecimento da cultura indígena facilitou o contato com os nativos e também a dominação e a catequização desses povos. O teatro de Anchieta impunha a cultura do colonizador aos povos nativos do Brasil.
   Se você errou essa resposta, retome a leitura do tópico "O auto como instrumento de catequização".

4. Complete as afirmações abaixo.

   **a)** Em 2018, o grupo _____ fez uma montagem da peça *O rei da vela*, de Oswald de Andrade. Essa peça, escrita em 1933, apresenta uma visão crítica da época, abordando de forma cômica e satírica os costumes e os valores daquela sociedade.
   Se você errou essa resposta, retome a leitura do tópico "*O rei da vela*".

   **b)** O grupo Teatro de Arena, fundado em 1953, destacou-se por sua atuação política. A peça

   _____, uma importante montagem do grupo, tratava da luta do líder quilombola Zumbi dos Palmares. Com essa peça, os artistas sugeriam que os brasileiros se inspirassem em Palmares na luta por uma sociedade mais justa e solidária.
   Se você errou essa resposta, retome a leitura do tópico "O Teatro de Arena".

   **c)** O Teatro do Oprimido, criado pelo dramaturgo Augusto Boal, é um método teatral que utiliza o teatro como ferramenta de trabalho para a ação política, social, ética e estética e contribui para a transformação social. Uma das técnicas utilizadas no Teatro do Oprimido é o _____, que consiste na seleção e na interpretação de notícias de jornal, tendo a improvisação e a espontaneidade como principais ferramentas.
   Se você errou essa resposta, retome a leitura do tópico "Augusto Boal e o Teatro do Oprimido".

# UNIDADE 3
## MÚSICA E SOCIEDADE

Cena da ópera *O escravo*, de Carlos Gomes, no Rio de Janeiro (RJ), em 2016.

- **TEMA 1** — A MÚSICA E OS TEMAS NACIONAIS
- **TEMA 2** — A BRASILIDADE DE HEITOR VILLA-LOBOS
- **TEMA 3** — UMA EXALTAÇÃO AO BRASIL
- **TEMA 4** — UMA "ÓPERA" POPULAR

# DE OLHO NA IMAGEM

O tenor Fernando Portari e a soprano Adriane Queiróz interpretam os protagonistas Américo e Ilara em cena da ópera *O escravo* (1889), de Carlos Gomes, no Rio de Janeiro (RJ), em 2016.

1. A foto mostra uma cena de uma ópera. O que você sabe sobre óperas? Já assistiu a alguma apresentação de ópera?

2. Ao observar novamente a foto, você consegue identificar o período (época) em que o enredo dessa ópera acontece? E quem seriam as personagens que estão sendo interpretadas na cena retratada?

3. O que você sabe a respeito do período representado na ópera?

4. Por que o autor dessa ópera teria escrito, em 1889, uma obra que retrata aspectos do processo de colonização do Brasil?

5. Ouça um trecho da abertura da ópera *O escravo* na faixa 01 do CD. Que instrumentos você identifica nesse áudio? E que título você daria a esse trecho da ópera?

## Carlos Gomes

A ópera *O escravo* é de autoria de Antônio Carlos Gomes (1836-1896), considerado um dos mais importantes músicos eruditos do Brasil e o primeiro compositor brasileiro a ter sua obra reconhecida amplamente na Europa.

O músico nasceu em Campinas (SP) e desde cedo demonstrou interesse pela música. A primeira influência que recebeu foi do pai, o músico Manuel José Gomes (1792-1868), que realizava as cerimônias cívicas desse município.

Após estudar no Imperial Conservatório de Música, no Rio de Janeiro (RJ), Carlos Gomes dedicou-se à produção de óperas. O artista também estudou em Milão, na Itália, onde, em 1870, produziu sua mais famosa ópera, *O guarani*. Em seu retorno ao Brasil, em 1880, Carlos Gomes foi influenciado pelo movimento que lutava pelo fim da escravidão no país. Essa influência o levou, alguns anos depois, a compor a ópera *O escravo*.

Além de *O guarani* e *O escravo*, Carlos Gomes escreveu diversas outras óperas, entre elas, *A noite do castelo* (1861) – sua primeira ópera –, *Fosca* (1873) e *Colombo* (1892).

*Carlos Gomes* (1880), Litografia, 38,1 × 30,4 cm. Fundação Biblioteca Nacional, Rio de Janeiro (RJ).

A soprano Nadja Michael (ao centro) interpreta a protagonista da ópera *Fosca*, de Carlos Gomes, em São Paulo, em 2016.

# TEMA 1
## A MÚSICA E OS TEMAS NACIONAIS

### A IDENTIDADE NACIONAL NA OBRA DE CARLOS GOMES

Ao longo do século XIX, os ideais do Romantismo influenciaram a produção de artistas brasileiros de diferentes linguagens. Na Unidade 1, você aprendeu que nas artes visuais, por exemplo, os artistas desse período tiveram como referência a identidade nacional ao criar suas obras artísticas.

Carlos Gomes foi um dos principais músicos brasileiros influenciados pelo Romantismo. Além de *O escravo*, ópera em que aborda a escravidão indígena, outra obra de caráter nacionalista de Carlos Gomes é *O guarani*. Ele compôs as músicas dessa ópera, porém o **libreto** foi produzido por Antônio Salviani (1835-1881) e Carlo D'Ormeville (1840-1924).

**Libreto:** texto para ser cantado ou recitado em uma ópera.

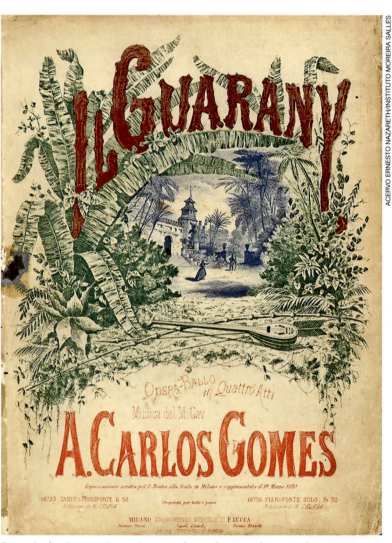

Reprodução da capa da partitura da ópera *O guarani*, em seu lançamento em 1870, na Itália. Acervo Ernesto Nazareth – Instituto Moreira Salles (IMS).

### ATIVIDADE

- Ouça um trecho da ópera *O guarani*, na faixa 02 do CD. Depois responda: você já ouviu essa música antes? Em caso afirmativo, lembra-se do local em que ouviu essa música? Comente com os colegas.

## O GUARANI

A ópera *O guarani* teve como referência o romance de mesmo título do escritor José de Alencar (1829-1877). Dividida em quatro atos (quatro partes), *O guarani* conta a história de amor entre a jovem Cecília, filha de um colonizador português, e o indígena Peri, da etnia Guarani, e se passa no Brasil em 1560. Essa ópera também retrata o início do processo de colonização do Brasil e aborda questões como a dizimação dos indígenas e as disputas econômicas entre Portugal e Espanha.

Veja, a seguir, imagens de uma montagem de *O guarani*.

Cena de montagem da ópera *O guarani*. Ao centro, o baixo-barítono Lício Bruno interpreta a personagem Cacique. São Paulo (SP), 2011.

A soprano Edna D'Oliveira e o tenor Marcelo Vanucci interpretam as personagens Ceci e Peri em montagem da ópera *O guarani*. São Paulo (SP), 2011.

## OUTRAS EXPERIÊNCIAS

### O Romantismo na literatura

O Romantismo manifestou-se em diferentes áreas. Na literatura, destacou-se pela valorização dos elementos nacionais e de um sentimento de brasilidade. Considerado o precursor do Romantismo literário no Brasil, o escritor Gonçalves de Magalhães (1811-1882) é o autor de *Suspiros poéticos e saudades*. Escrita no século XIX, essa obra poética foi considerada a primeira da literatura romântica, na qual Gonçalves de Magalhães propôs o resgate da história e da cultura brasileiras.

Além de Gonçalves de Magalhães, outros poetas brasileiros foram influenciados pelo Romantismo, como Antônio Gonçalves Dias (1823-1864), Álvares de Azevedo (1831-1852), Casimiro de Abreu (1839-1860) e Castro Alves (1847-1871).

Castro Alves foi um dos mais populares poetas brasileiros. Ligado ao movimento abolicionista, ele compartilhava com os intelectuais de sua época um sentimento humanitário em relação aos sofrimentos dos africanos escravizados. Ele escreveu poemas de forte apelo social. Leia, a seguir, um trecho de uma de suas principais obras, o poema "O navio negreiro", de 1869.

O poeta Castro Alves em fotografia de Alberto Henschel, de 1870. Coleção particular.

"[...]

Era um sonho dantesco... o tombadilho
Que das luzernas avermelha o brilho.
    Em sangue a se banhar.
Tinir de ferros... estalar de açoite...
Legiões de homens negros como a noite,
    Horrendos a dançar...

Negras mulheres, suspendendo às tetas
Magras crianças, cujas bocas pretas
    Rega o sangue das mães:
Outras, moças... mas nuas, espantadas,
No turbilhão de espectros arrastadas,
    Em ânsia e mágoa vãs.

E ri-se a orquestra irônica, estridente...
E da roda fantástica a serpente
    Faz doudas espirais...
Se o velho arqueja, se no chão resvala,
Ouvem-se gritos... o chicote estala.
    E voam mais e mais...
[...]"

ALVES, Castro. O navio negreiro. Em: GOMES, Eugênio (Org.). *Castro Alves*: obra completa. Rio de Janeiro: Nova Aguilar, 1997. p. 280-281. (Fragmento).

**Dantesco:** medonho.
**Tombadilho:** pavimento de um navio.
**Luzerna:** luz intensa.
**Açoite:** chicote.
**Espectro:** de aparência de fantasma.
**Vão:** inútil.
**Doudo:** louco.
**Arquejar:** respirar com dificuldade.
**Resvalar:** deslizar.

## A prosa romântica

O Romantismo não influenciou apenas um grupo de poetas brasileiros do século XIX. É possível observar elementos românticos na produção de grandes romancistas, como o escritor José de Alencar (1829-1877).

Os romancistas brasileiros dessa época dedicaram-se ao projeto de construção de uma identidade nacional. Para isso, escreveram romances que tinham características românticas, por exemplo, o forte sentimento nacionalista.

Seguindo a tendência de valorização da identidade nacional, José de Alencar se dedicou a escrever romances em que os indígenas são retratados de modo idealizado, como representantes autênticos de um Brasil primitivo, enfatizando sua valentia e nobreza de caráter. É o que ocorre em *O guarani* (1857), que, como vimos nas páginas anteriores, inspirou Carlos Gomes a criar a ópera homônima (ou seja, de mesmo título).

Confira no vídeo indicado ao lado a influência que o Romantismo teve em outros campos artísticos.

José de Alencar. Autoria e data desconhecidas.

### PARA LER

- ***O guarani em quadrinhos***, de José de Alencar. Adaptação Walter Vetillo. São Paulo: Cortez, 2010.

  Nesse livro, por meio da linguagem dos quadrinhos, você vai conhecer o romance do indígena Peri e de Ceci, filha de um nobre português. Essa história de amor ocorre no século XVI, no início da colonização do Brasil.

### Romantismo

O vídeo traz as principais características do Romantismo brasileiro e como ele se apresenta na obra de poetas como Castro Alves, Álvares de Azevedo e Casimiro de Abreu.

Disponível em <http://mod.lk/aa8u3t1>

- Em sua opinião, por que Castro Alves teria comparado o navio negreiro a uma "orquestra irônica"? Registre sua resposta e, depois, comente com os colegas.

## A ÓPERA

Acredita-se que a ópera, da maneira como a conhecemos hoje, tenha sido produzida pela primeira vez no final do século XVI, por compositores renascentistas italianos que buscavam resgatar o teatro grego da Antiguidade, no qual a música fazia parte das apresentações.

Esses compositores passaram a produzir obras que, além de cantadas, eram representadas. Um dos compositores mais importantes desse período foi Claudio Monteverdi (1567-1643). Monteverdi é autor de *Orfeu* (1607), considerada uma das primeiras e mais importantes óperas da história. Essa ópera foi criada com base em um mito grego e narra a história de Orfeu, um homem que foi ao reino dos mortos para resgatar sua amada, Eurídice. O libreto dessa ópera foi escrito por Alessandro Striggio, o Jovem (c. 1573-1630).

As personagens de uma ópera podem ser interpretadas por mulheres e por homens. A atribuição dos papéis deve respeitar a classificação das vozes dos intérpretes, de acordo com a altura da voz. É importante lembrar que, em música, a altura não se refere ao volume do som, mas ao fato de um som ser mais grave ou mais agudo, definindo a **tessitura vocal** de cada pessoa. A tessitura vocal diz respeito ao conjunto de notas que um cantor ou instrumento vocal é capaz de emitir com certa qualidade sonora, ou seja, com um timbre limpo, com o controle de volume e com as possibilidades de nuances expressivas.

Na foto reproduzida a seguir, o barítono Gyula Orendt interpreta Orfeu e a soprano Mary Bevan interpreta Eurídice em uma montagem da ópera *Orfeu* realizada em 2015, em Londres, no Reino Unido.

O compositor italiano **Claudio Monteverdi** publicou suas primeiras obras aos 15 anos de idade e aos 20 anos já tinha inúmeros trabalhos publicados. *Orfeu*, sua primeira ópera, é considera a obra que inaugurou esse estilo musical. Também foi essa obra que estabeleceu Monteverdi como um dos maiores compositores de ópera.

O compositor Claudio Monteverdi em pintura de Bernardo Strozzi, de c. 1640.

Gyula Orendt e Mary Bevan em apresentação da ópera *Orfeu*, em Londres, Reino Unido, em 2015.

## CARMEN

Uma das óperas mais conhecidas em todo o mundo é *Carmen* (1873-1874), composta pelo francês Georges Bizet (1838-1875). Essa ópera se baseou em um romance de mesmo título do escritor francês Prosper Mérimée (1803-1870). Bizet compôs as músicas, e o libreto foi produzido por Henri Meilhac (1831-1897) e Ludovic Halévy (1834-1908).

Ambientada em Sevilha, na Espanha, no século XIX, a ópera *Carmen* representa a história de amor entre a cigana Carmen e o soldado do exército espanhol Dom José. A descrição dos ambientes e das personagens por meio da composição musical é uma das características mais marcantes dessa obra. Os protagonistas são interpretados por uma meio-soprano, que dá vida a Carmen, e por um tenor, que interpreta Dom José.

Embora *Carmen* seja uma das óperas mais conhecidas e executadas do mundo, ela não fez sucesso em 1875, ano de sua estreia, e foi considerada um insulto à moral da época. As personagens foram consideradas inadequadas para o palco, além de sua estrutura musical ter sido considerada muito inovadora. Três meses após a estreia da peça, o compositor Georges Bizet faleceu, sem ter conhecido o sucesso de sua obra.

O tenor Aleksandrs Antonenko (como Dom José) e a meio-soprano Anita Rachvelishvili (Carmen) em cena da ópera *Carmen*, de Georges Bizet, em Nova York, Estados Unidos, em 2014.

## ATIVIDADE

- Ouça na faixa 03 do CD um dos trechos mais conhecidos da ópera *Carmen*. Depois, responda às questões a seguir.

    a) Você consegue imaginar qual personagem está sendo representada pela intérprete dessa música? Explique.

    _____

    _____

    b) Você consegue perceber que os instrumentos que acompanham a cantora marcam certo ritmo? A que tipo de música você acha que esse ritmo remete?

    _____

    _____

## A ORQUESTRA

As apresentações de ópera, em geral, são acompanhadas de uma **orquestra**. A orquestra é composta de um grupo misto de instrumentistas (músicos) que tocam diferentes instrumentos musicais. E há também orquestras em que os músicos tocam apenas um tipo de instrumento, como as orquestras de sopros.

Existem orquestras de vários tipos. As mais completas, em que se toca um número maior de instrumentos, são chamadas **orquestras sinfônicas** ou **filarmônicas**. As orquestras que têm um número menor de instrumentos são chamadas **orquestras de câmara**.

As orquestras sinfônicas e filarmônicas são agrupamentos instrumentais com um número grande de instrumentistas, que pode passar de uma centena em alguns casos. Diferenciam-se unicamente pelo modo de financiamento: enquanto as sinfônicas são mantidas pelo poder público, as filarmônicas dependem de financiamento privado. As orquestras de câmara são agrupamentos bem menores, com poucos instrumentistas (não há um número fixo, pois varia conforme a orquestra). Elas receberam esse nome porque inicialmente foram formadas para tocar em ambientes pequenos (chamados de câmaras), mas hoje se apresentam também em grandes teatros.

As orquestras são regidas por um **maestro** ou **regente**. Este é o responsável por indicar o momento e a forma com que cada músico deve tocar, além de organizar os ensaios para que os musicistas possam realizar a obra juntos. Por meio de gestos e expressões corporais, o maestro se comunica com os músicos da orquestra. Para que a apresentação ocorra da maneira combinada, cada músico deve seguir também a partitura, que é o registro gráfico da música.

>
> ### O Theatro da Paz
>
> Localizado em Belém (PA), o Theatro da Paz foi fundado em 1878, no período do primeiro ciclo da borracha. Esse momento da história econômica brasileira é relacionado à extração seringueira e à comercialização da borracha, que impulsionaram o desenvolvimento das capitais da Região Norte do país e o surgimento do estado do Acre.
>
> Com novecentos lugares, foi a primeira casa de espetáculos de grande porte para o gênero lírico na Região Norte. A Orquestra Sinfônica do Theatro da Paz foi criada em 1996 e frequentemente se apresenta nesse teatro.
>
> Anualmente, é realizado o tradicional Festival de Ópera do Theatro da Paz. A montagem da ópera *O guarani* integrou o Festival de Ópera no ano de 2007.

A Orquestra Amazonas Filarmônica se apresenta no Theatro da Paz, em Belém (PA), em 2016.

## OS INSTRUMENTOS DE UMA ORQUESTRA

Os instrumentos que compõem as orquestras sinfônicas são organizados em quatro grupos: o grupo das **cordas**, que tem instrumentos como o violino, o violoncelo e o contrabaixo; o das **madeiras**, composto de instrumentos como a flauta, o oboé, o clarinete e o fagote; o dos **metais**, como a trompa, o trompete, o trombone e a tuba; e o da **percussão**, como o tímpano, os pratos e o gongo.

O violino é um instrumento de cordas de som agudo. Para tocar suas cordas, o instrumentista utiliza o arco.

A trompa também é um instrumento de sopro.

O oboé é um instrumento de sopro.

O gongo é um instrumento de percussão formado por um disco de metal percutido por baqueta ou martelo cujo som lembra o de um trovão.

O piano, uma exceção na composição de uma orquestra, é um instrumento de teclado, mas o seu som é produzido por cordas que ficam em seu interior e são percutidas por pequenos martelos. Isso permite dizer que o piano é tanto um instrumento de percussão quanto de cordas. Comumente, os instrumentos são classificados de acordo com o mecanismo de produção de som. Por exemplo, uma guitarra é um instrumento de corda, mesmo que possam ser acrescidos posteriormente efeitos eletrônicos na produção do som.

 Ouça na faixa 04 do CD o som do violino, do oboé, da trompa e do gongo.

O piano não é considerado um instrumento de orquestra, embora seja utilizado com frequência.

## A música barroca

Entre os anos 1600 e 1750, desenvolveu-se na Europa um estilo musical chamado **música barroca**. Entre suas principais características, destacam-se o aprimoramento da escrita musical e o desenvolvimento de novos gêneros musicais, como a **ópera**, que conhecemos nas páginas anteriores. Entre os compositores mais importantes desse período, destaca-se o italiano Antonio Vivaldi (1678-1741).

Ainda jovem, Vivaldi foi ordenado padre, mas nunca exerceu a função em virtude de problemas de saúde, e passou a trabalhar em um orfanato de meninas. Nessa instituição, Vivaldi dirigiu uma orquestra e compôs diversos concertos. Os concertos são peças musicais em que um instrumentista solista ou um grupo de instrumentistas solistas é acompanhado de uma orquestra. *As quatro estações* (c. 1725), obra mais conhecida de Vivaldi, é composta de quatro concertos. Em cada um deles, é representada, por meio da música, uma das estações do ano. Até hoje, *As quatro estações* é uma das obras musicais mais executadas em todo o mundo.

*Retrato de Antonio Vivaldi* (meados do século XVIII), autor desconhecido. Óleo sobre tela, 91 × 74 cm. Museu Internacional e Biblioteca da Música de Bolonha, Itália.

# ATIVIDADES PRÁTICAS

 **1.** Ouça na faixa 05 do CD um trecho do concerto nº 2, "Verão", que faz parte de *As quatro estações*, de Antonio Vivaldi. Depois, responda às questões a seguir.

**a)** Você já tinha ouvido essa música?

_____

_____

**b)** Esse trecho de *As quatro estações* é tocado de forma rápida ou lenta?

_____

**c)** Cite um instrumento que você ouviu tocar durante todo o trecho.

_____

**d)** Tendo como referência a música de Vivaldi, faça um desenho para representar o verão. Na data agendada pelo professor, apresente sua produção aos colegas.

**2.** Reúna-se com três colegas e façam uma pesquisa na internet sobre um musical. Assistam a várias cenas do espetáculo e escolham uma que tenha uma parte musical para encenar. Organizem-se para que cada um encene um papel e ensaiem para apresentar para os colegas no dia combinado com a turma.

 **3.** Nesta atividade você vai conhecer uma orquestra diferente da orquestra sinfônica, a *Big Band*, e que toca outro tipo de música, o *jazz*. Ouça uma música do grupo Cabareto Early Jazz Band na faixa 06 do CD e tente perceber algumas particularidades da Big Band. Depois, responda às seguintes questões:

**a)** Quais instrumentos você consegue ouvir e que não pertencem às orquestras sinfônicas?

**b)** Qual família de instrumentos você acha que predomina na *Big Band*? Você consegue identificar alguns?

**c)** Que outros instrumentos você consegue ouvir nessa música, além dos já mencionados?

 **4.** Organizem-se em grupos de sete colegas e ouçam novamente a faixa 06 do CD tentando perceber as várias seções contratantes, ou seja, as várias partes em que ocorrem mudanças bem perceptíveis. Depois, criem diferentes movimentos para cada uma dessas seções, de modo a representar corporalmente cada uma delas, lembrando que os movimentos deverão ser coerentes ao ritmo musical. Ensaiem a coreografia e combinem com o professor uma data para apresentá-la aos colegas.

101

# TEMA 2 — A BRASILIDADE DE HEITOR VILLA-LOBOS

## VILLA-LOBOS

No Tema anterior você conheceu alguns trabalhos de Carlos Gomes e descobriu que esse músico se dedicou à criação de obras que se relacionam com a história do nosso país. Outro músico que criou peças musicais que retratam o Brasil foi Heitor Villa-Lobos (1887-1959), considerado um dos mais importantes compositores eruditos da música brasileira.

Villa-Lobos nasceu no Rio de Janeiro e o pai foi seu primeiro professor de música. Ainda na infância, graças a uma tia, ele conheceu a obra do alemão Johann Sebastian Bach (1685-1750), um dos músicos que mais influenciaram sua obra e que você conhecerá ainda neste Tema.

Na Unidade 1, você aprendeu que Villa-Lobos foi um dos artistas participantes da Semana de Arte Moderna, em 1922. Ele foi convidado pelo escritor Graça Aranha (1868-1931), um dos organizadores do evento. Nos três espetáculos de que participou, o artista apresentou diversas obras autorais. Também participaram da Semana de Arte Moderna os músicos Guiomar Novaes (1894-1979) e Ernani Braga (1888-1948).

Anúncio da apresentação de Villa-Lobos na Semana de Arte Moderna, em 1922.

### PARA LER

- *Semana de 22: entre vaias e aplausos*, de Marcia Camargos. São Paulo: Boitempo, 2002. (Coleção Pauliceia).

  Esse livro apresenta uma análise aprofundada da Semana de Arte Moderna de 1922, destacando sua importância para a arte e a cultura brasileira. Além do texto, há diversas fotografias e ilustrações relacionados ao evento da Semana de 22.

## AS VIAGENS DE VILLA-LOBOS

No início do século XX, Villa-Lobos viajou pelo Brasil e manteve contato com diferentes estilos musicais regionais. Essas viagens tiveram uma influência definitiva nas produções do músico e, a partir de então, o compositor incorporou elementos do folclore brasileiro, sons da natureza e referências da música popular à sua obra. Isso pode ser percebido em composições como "Danças características africanas" (composta entre 1914 e 1916), "Suíte floral" (1916-1918), "Amazonas" (1917) e "Uirapuru" (1917).

Villa-Lobos em Paris, França. Foto de 1945.

A nota de 500 cruzados, moeda brasileira adotada entre 1986 e 1989, homenageou Villa-Lobos. Em um dos lados da nota, o maestro é retratado tendo ao fundo uma floresta brasileira, sua constante fonte de inspiração.

A obra "Uirapuru" foi composta em 1917 e, para criá-la, Villa-Lobos usou como referência uma lenda indígena que conta a história do uirapuru, um pássaro típico da Amazônia. De acordo com essa lenda, o uirapuru se transformava em um belo jovem indígena por quem todas as mulheres se apaixonavam. Certo dia, quando se encontrava na condição humana, um indígena teve ciúmes dele e resolveu acertá-lo com uma flecha, matando-o. Ao voltar à condição de pássaro, o uirapuru tornou-se invisível e dele se ouve apenas o belo canto.

Em "Uirapuru", Villa-Lobos utilizou diferentes instrumentos para reproduzir os sons da floresta. A flauta, por exemplo, foi utilizada para recriar o canto do uirapuru. Essa música também não tem um ritmo constante, há diversas variações rítmicas e diferentes sonoridades. Acredita-se que, com isso, o compositor tenha tentado retratar os diferentes ritmos da floresta (dos animais, das plantas, das pessoas que lá vivem, por exemplo).

### ATIVIDADE

- Ouça a gravação de um trecho de "Uirapuru" na faixa 07 do CD e tente perceber as diferentes sonoridades e variações rítmicas no trecho ouvido. O que poderia estar acontecendo nessa floresta? Você consegue identificar em que momento aparece o canto do uirapuru? Comente suas impressões com o professor e os colegas.

## OS *CHOROS* E AS *BACHIANAS BRASILEIRAS*

Entre as composições de Heitor Villa-Lobos, merecem destaque a série *Choros*, produzida entre 1920 e 1929, e *Bachianas brasileiras*, compostas entre 1930 e 1945.

Formada por doze composições, a série *Choros* revela a ligação de Villa-Lobos com o **choro**, estilo musical que surgiu no Rio de Janeiro no final do século XIX. Nessa série, Villa-Lobos produz peças para violão e piano, instrumentos característicos de sua produção. "Choros nº 5", à qual Villa-Lobos deu o subtítulo de "Alma brasileira", é uma composição para piano e se tornou uma das obras mais conhecidas do músico. Ouça um trecho dessa música na faixa 08 do CD.

*Bachianas brasileiras* é um conjunto de nove composições. Nesse conjunto, Villa-Lobos revelou sua postura antropofágica, pois, para criá-lo, o músico brasileiro "alimentou-se" da produção do alemão Johann Sebastian Bach (1685-1750) – músico que você conhecerá nas próximas páginas – e a ela incorporou elementos da cultura e do folclore nacionais.

Uma das obras mais conhecidas e gravadas de Villa-Lobos é o último movimento de *Bachianas brasileiras nº 2*, conhecida como "O trenzinho do caipira".

Partitura de "Alma brasileira", de Heitor Villa-Lobos, de 1925. Acervo Museu Villa-Lobos, Rio de Janeiro (RJ).

Villa-Lobos à frente de uma concentração de canto orfeônico, evento em que se reuniam multidões de alunos para celebrar e difundir os valores cívico-patrióticos. No período entre 1932 e 1945, durante o governo de Getúlio Vargas, Villa-Lobos foi o responsável pelo projeto de educação musical nas escolas.

# COMPREENDER UM TEXTO

## O ciclo das Bachianas brasileiras

"O ciclo das Bachianas brasileiras presta tributo a Johann Sebastian Bach, não apenas no título, mas, sobretudo, por utilizar procedimentos composicionais próprios desse grande compositor. Naturalmente, o ciclo referido alinha o compositor com a conhecida tendência neoclassicista mundial da época.

Outra característica desse ciclo é a utilização do folclore, da música étnica brasileira, assim como da música popular urbana, do choro e da seresta feita pelos conjuntos regionais, dos quais participou na sua juventude. A naturalidade com que Villa-Lobos abordou as melodias advindas do folclore é bastante conhecida. Confundem-se de tal forma com a sua própria criação que, em certos momentos, tornam-se um só corpo: 'O folclore do Brasil sou eu', frase do próprio Villa-Lobos.

Realizar a aproximação entre a música de Bach e a seresta, ou o choro, foi decorrência natural na vida de Villa-Lobos que, como instrumentista, tocava o violão e o violoncelo. Não por coincidência, ele abriu o seu ciclo de 14 Choros com uma obra para violão, o celebrado Choro nº 1. E, em 1930, escreveu a primeira das Bachianas brasileiras para orquestra de violoncelos, iniciando a série de obras que o imortalizaria."

JARDIM, Gil. O estilo antropofágico de Heitor Villa-Lobos: Bach e Stravinsky na obra do compositor. São Paulo: Philarmonia Brasileira, 2005. p. 97-98.

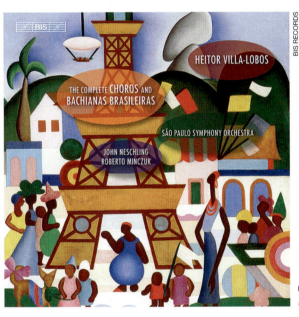

Capa do disco *The complete choros and Bachianas brasileiras*.

### PARA ACESSAR

- **Museu Villa-Lobos**. Endereço virtual: <http://www.museuvillalobos.org.br/index.htm>. Acesso em: 2 jul. 2018.

O Museu Villa-Lobos tem em seu acervo partituras, fotografias, registros audiovisuais e outros documentos relacionados à vida e à obra do maestro. No *site* é possível ouvir trechos de algumas obras do músico brasileiro.

### QUESTÕES

1. Mencione um trecho do texto que destaca a fusão entre o erudito e o popular na obra de Villa-Lobos.

2. Na imagem acima, a capa do CD traz uma obra de Tarsila do Amaral, artista que você estudou na Unidade 1. Você sabe que obra é essa? Por que essa imagem teria sido escolhida?

## A OBRA DE BACH

O músico alemão Johann Sebastian Bach foi influenciado pela obra musical de Antonio Vivaldi – que vimos no Tema anterior. Bach se tornou um importante nome da música barroca e se destacou ao escrever concertos com solos para cravo. O cravo é um instrumento de teclas semelhante ao piano.

Além dos concertos, Bach compôs **cantatas**, peças instrumentais e vocais geralmente produzidas para ser executadas em datas comemorativas do calendário religioso. Uma das cantatas compostas por Bach foi a cantata *BWV 156*. Ouça um trecho dessa música na faixa 09 do CD.

*Retrato de Johann Sebastian Bach* (1715), de Johann Ernst Rentsch. Óleo sobre placa de zinco, 60 × 43,5 cm. Angermuseum, Erfurt, Alemanha.

### O cravo e o piano

O cravo e o piano são instrumentos de teclado com cordas. A diferença entre eles está na maneira como os sons são produzidos. No cravo, para produzir os sons, as cordas são pinçadas (são "beliscadas") de um modo parecido com o qual se toca violão. No piano, os sons são produzidos por pequenos martelos, que percutem (batem) as cordas. Ouça, na faixa 10 do CD, a diferença entre o som do cravo e o do piano.

Cravo que pertenceu ao músico austríaco Joseph Haydn (1732-1809). Museu de História da Arte, Viena, Áustria.

O piano é um instrumento musical que surgiu por volta do ano 1700.

### "CÉU DE SANTO AMARO"

No ano de 2003, o cantor e compositor brasileiro Flávio Venturini lançou a canção "Céu de Santo Amaro", na qual escreveu um poema para uma parte da cantata *BWV 156*. Leia a seguir a letra dessa canção.

## Céu de Santo Amaro

"Olho para o céu
Tantas estrelas dizendo da imensidão
Do universo em nós
A força desse amor
Nos invadiu...
Com ela veio a paz, toda beleza de sentir
Que para sempre uma estrela vai dizer
Simplesmente amo você...

Meu amor...
Vou lhe dizer
Quero você
Com a alegria de um pássaro
Em busca de outro verão
Na noite do sertão
Meu coração só quer bater por ti
Eu me coloco em tuas mãos
Para sentir todo o carinho que sonhei
Nós somos rainha e rei

Na noite do sertão
Meu coração só quer bater por ti
Eu me coloco em tuas mãos
Para sentir todo o carinho que sonhei
Nós somos rainha e rei

Olho para o céu
Tantas estrelas dizendo da imensidão
Do universo em nós
A força desse amor nos invadiu...
Então...
Veio a certeza de amar você."

Flávio Venturini durante apresentação no Rio de Janeiro (RJ), em 2012.

BACH, Johann Sebastian; VENTURINI, Flávio (Adaptação e arranjo). Céu de Santo Amaro. Em: VENTURINI, Flávio. *Porque não tínhamos bicicleta*. Rio de Janeiro: Trilhos. Arte, 2003. Faixa 14.

 Agora, ouça, na faixa 11 do CD, a canção "Céu de Santo Amaro".

**PARA ACESSAR E OUVIR**

- **Cantata BWV 156**, de J. S. Bach. Disponível em: <https://www.youtube.com/watch?v=MwWROI0LgYc>. Acesso em: 11 out. 2018.
  É possível acessar essa cantata para piano, também acompanhada de flauta, pela internet.

## O ARTISTA E SUA OBRA

### Flávio Venturini

A seguir você verá uma entrevista com o músico Flávio Venturini, concedida especialmente para esta Coleção.

"**Entrevistador:** Flávio, fale de você e de seu interesse pela música. Quando passou a se interessar por ela? Você nasceu em uma família de músicos?

**Flávio Venturini:** Nasci em Belo Horizonte (MG) e cresci numa família que não era de músicos. Mas minha mãe, Dalila, tinha muita sensibilidade musical e cantava muito para mim. Ela tinha uma pensão muito grande no centro de Belo Horizonte (MG), onde morou um grande artista, o Guignard [Alberto da Veiga Guignard (1896-1962)], um dos maiores pintores brasileiros, [...] que pintou [um retrato meu]. Às vezes, eu ficava na porta do quarto de um maestro, que também era hóspede da pensão da minha mãe, e acabava dormindo relaxado por ouvir música e me encantar com aquela novidade. Em casa, havia uma radiola [rádio-vitrola] com discos de vinil que me encantavam. Eu me emocionava muito ao ouvir música! Logo ganhei um rádio de pilha (enorme, na época), que eu carregava para todo lado [risos]. Quando me tornei adolescente, vieram os Beatles e, aí sim, [essa] foi minha primeira paixão musical!

**Entrevistador:** Como o trabalho com a música surgiu em sua vida?

**Flávio Venturini:** Eu queria ser jogador de futebol, depois arquiteto, mas comecei a tocar em bandas de bailes. Quando conheci o pessoal do Clube da Esquina num festival, minha cabeça 'virou' ao conhecer tantos compositores maravilhosos. Foi então que eu vi que era aquilo que eu queria ser na vida: compositor e cantor.

**Entrevistador:** Quais foram/são suas referências musicais, Flávio?

**Flávio Venturini:** Música erudita, que eu ouvia nos discos de vinil [lá em casa], e música romântica, que comecei a ouvir nas rádios e nos filmes que assistia no cinema. Depois veio o rock, o pop e a MPB, primeiro, no Clube da Esquina [em Belo Horizonte]. Hoje, ouço muito música instrumental, mas continuo gostando de música boa, seja qual for o estilo.

**Entrevistador:** Como foi o processo de criação da canção 'Céu de Santo Amaro'?

**Flávio Venturini:** Eu estava na Bahia, na cidade de Santo Amaro da Purificação, na casa de Dona Canô, mãe de Caetano [Veloso]. Era 6 de janeiro de 2000 e acontecia a Festa de Reis. Cheguei mais cedo e fiquei ouvindo música no carro de um amigo. Ouvi um [...] violonista espanhol que interpretava lindamente uma ária de Johann Sebastian Bach e eu, encantado com aquele verão na Bahia, numa festa popular, pensei naquele momento que essa música de Bach poderia ser uma canção popular. Cheguei a enviar uma mensagem a um parceiro dizendo: 'olha, temos uma canção a escrever, essa música de Bach dá uma balada linda!'. Mas, ao voltar para Salvador após a festa, eu mesmo, inspirado por aquela noite linda, escrevi os versos e a melodia final (a força desse amor nos invadiu...) eu compus ao acordar na manhã seguinte.

**Entrevistador:** Pode dar alguma dica para os adolescentes que desejam seguir a carreira na música ou ter formação musical?

**Flávio Venturini:** A dica que sempre dou é a de estudar sempre e ir em busca de fazer o que realmente se gosta. Hoje existem muitas escolas boas e diversas formas de aprender [...] [música]."

Entrevista realizada em agosto de 2018.

# ATIVIDADES PRÁTICAS

## Suíte, minueto e prelúdio

A **suíte** é uma composição musical formada por um conjunto de pequenas peças para ser tocadas em sequência. No período barroco, as peças de uma suíte geralmente usavam ritmos de danças da época.

O **minueto** é uma das danças muito usadas na suíte barroca.

Denomina-se **prelúdio** a peça inicial que antecede as danças na suíte barroca. Posteriormente, o prelúdio foi usado como uma forma musical independente, ou seja, não atrelado a nenhuma suíte.

**1.** Forme um grupo com cinco colegas e ouçam algumas vezes a faixa 12 do CD. Essa faixa traz um minueto de Johann Sebastian Bach, que é parte de uma obra maior, a Suíte orquestral nº 2 *BWV 1067*. Tentem perceber qual é o instrumento solista nessa música (lembrem-se de que o solista é o que toca ou canta a melodia mais importante, a que mais aparece em uma música). Em seguida, criem uma letra para essa música. Vocês podem escolher um tema para a letra e discutir sobre ele. Quando a letra estiver pronta, façam alguns ensaios e apresentem-na aos colegas de turma.

**2.** Ouça na faixa 13 do CD um prelúdio de Bach, que é parte de uma obra maior, a Suíte nº 1 *BMW 1007*. Depois, responda às questões.

**a)** Você consegue identificar o instrumento que está sendo tocado?

___

**b)** Como é o andamento dessa música?

___

**c)** A música explora mais os sons graves, médios ou agudos?

___

**d)** Que cena você imagina que combinaria com essa música?
Crie uma narrativa para essa cena e a apresente aos colegas.

___

**3.** Villa-Lobos, considerado por muitos estudiosos da música erudita o mais importante compositor brasileiro, escreveu muitas obras para piano. Entre suas obras para esse instrumento, destacam-se as *Cirandas* e *Cirandinhas*, conjuntos de peças curtas com base em temas folclóricos, em sua maioria bastante conhecidos.
Faça uma pesquisa na internet sobre essas obras e selecione uma para ouvir. Você consegue reconhecer a canção folclórica que foi usada? De que maneira essa melodia aparece na música? No dia agendado pelo professor, compartilhe essa pesquisa com os colegas.

# TEMA 3
## UMA EXALTAÇÃO AO BRASIL

### "AQUARELA DO BRASIL"

Ao longo do tempo, muitos artistas têm composto e interpretado canções que têm o Brasil como tema. Uma dessas canções é "Aquarela do Brasil", composta em 1939 por Ary Barroso (1903-1964), artista brasileiro que se destacou como compositor, pianista, locutor e apresentador.

Leia a seguir a letra dessa canção e ouça a regravação na faixa 14 do CD.

Ary Barroso, em foto de 1957.

**Inzoneiro:** manhoso.
**Merencório:** triste.
**Sestroso:** esperto, vivo.
**Trigueiro:** moreno.

### Aquarela do Brasil

"Brasil!
Meu Brasil brasileiro
Meu mulato inzoneiro
Vou cantar-te nos meus versos
O Brasil, samba que dá
Bamboleio, que faz gingar
Ô Brasil, do meu amor
Terra de Nosso Senhor
Brasil! Brasil!
Pra mim... Pra mim...

Ah, abre a cortina do passado
Tira a mãe preta do cerrado
Bota o rei congo no congado
Brasil! Brasil!
Pra mim... Pra mim...

Deixa... cantar de novo o trovador
A merencória luz da lua
Toda a canção do meu amor
Quero ver 'essa dona' caminhando
Pelos salões arrastando
O seu vestido rendado
Brasil! Brasil!
Pra mim... Pra mim...

Brasil!
Terra boa e gostosa
Da morena sestrosa
De olhar indiscreto
O Brasil, samba que dá
Bamboleio, que faz gingar
O Brasil do meu amor
Terra de Nosso Senhor
Brasil! Brasil!
Pra mim... Pra mim...

Oh, esse coqueiro que dá coco
Onde eu amarro a minha rede
Nas noites claras de luar
Brasil! Brasil!
Pra mim... Pra mim...

Ah, ouve essas fontes murmurantes
Aonde eu mato a minha sede
E onde a lua vem brincar
Ah, este Brasil lindo e trigueiro
É o meu Brasil brasileiro
Terra de samba e pandeiro
Brasil! Brasil!
Pra mim... pra mim..."

BARROSO, Ary. Aquarela do Brasil. Em: ALVES, Francisco. *Nossa homenagem – Ary Barroso 100 anos.* Curitiba: Revivendo, 2003. Volume 1. Faixa 23. Copyright @ 1950 by IRMÃOS VITALE S/A IND. E COMÉRCIO. Todos os direitos reservados para todos os países. All rights reserved. International Copyright secured.

## ATIVIDADES

1. Em sua opinião, por que o autor Ary Barroso teria escolhido o título "Aquarela do Brasil" para essa canção?

   _____

   _____

2. Muitos críticos consideram essa canção de Ary Barroso ufanista. Você concorda com essa afirmação?

   _____

   _____

 3. Ouça, novamente, a faixa 14 do CD e tente identificar os instrumentos musicais utilizados nessa gravação. Registre suas impressões a seguir e depois comente com os colegas.

   _____

   _____

---

### A trilha sonora de Alô, amigos

O Brasil já foi referência para vários desenhos animados. O primeiro deles foi *Alô, amigos*, produzido pelos Estúdios Disney, em 1942. Esse filme é composto de quatro animações, ambientadas em diferentes países da América do Sul: "Lago Titicaca" (Peru), "Pedro" (Chile), "O gaúcho pateta" (Argentina) e "Aquarela do Brasil" (Brasil). Uma das personagens desse desenho animado é o papagaio Zé Carioca. A canção "Aquarela do Brasil", de Ary Barroso, foi incluída na trilha sonora do filme *Alô, amigos*, tornando-se conhecida no mundo todo.

O **desenho animado** é a mais elaborada das técnicas de ilustração. A produção de um desenho animado envolve um grupo de profissionais que realizam diferentes atividades, como a criação da história a ser contada, a produção dos desenhos e a **dublagem das personagens**.

Pato Donald e Zé Carioca, personagens do filme *Alô, amigos*, produzido pelos Estúdios Disney, em 1942.

## O SAMBA-EXALTAÇÃO

A canção "Aquarela do Brasil" é classificada como **samba-exaltação**, um estilo musical que se caracteriza pelo caráter patriótico e por sempre abordar temas nacionalistas. Os sambas-exaltação se tornaram muito comuns durante o Estado Novo (período em que o Brasil foi governado por Getúlio Vargas, com caráter ditatorial, que se estendeu de 1937 a 1945), quando produções artísticas de diferentes linguagens, como o teatro, o cinema e a música, passaram a ser controladas e a sofrer censura.

O cantor e compositor Ataulfo Alves (1909-1969) foi um dos músicos que, nesse período, tiveram suas obras censuradas pelo Estado Novo.

Nesse período, o órgão responsável pelo controle e pela censura das obras artísticas era o Departamento de Imprensa e Propaganda (DIP).

Na década de 1930, o samba já era o estilo musical mais popular no país. As letras dos sambas faziam referência à boemia, exaltando o "malandro" (na época, essa palavra era usada para designar alguém que não trabalhava e que vivia em busca de diversão). Após a fundação do DIP, em 1939, as letras dos sambas passaram a ser censuradas, pois o desejo oficial era de que os sambas exaltassem o trabalho e o governo e criticassem a vida boêmia.

Apresentação de Ataulfo Alves e suas Pastoras, em 1956.

### O rádio e a política

Entre 1930 e 1950, o rádio foi um importante instrumento de propaganda política utilizada por Getúlio Vargas. Um dos meios de difundir a propaganda do Estado Novo foi a criação, em 1938, do programa *A hora do Brasil*. A transmissão desse programa era obrigatória, e sua principal finalidade era enaltecer e divulgar os atos presidenciais. Em 1962, o nome do programa mudou para *A voz do Brasil* e ainda hoje é transmitido para todo o país. Alguns acordes da ópera *O guarani*, de Carlos Gomes, são reproduzidos na abertura desse programa.

Assista no vídeo indicado ao lado como se deu o desenvolvimento do rádio durante a era Vargas.

**O rádio na era Vargas**

O vídeo fala sobre o nascimento do rádio brasileiro desde a criação da Rádio Sociedade do Rio de Janeiro e mostra a trajetória desse veículo durante a era Vargas. Disponível em <http://mod.lk/aa8u3t3>

## A ERA DO RÁDIO

Durante muitos anos o rádio foi o veículo de comunicação mais popular do Brasil e ajudou a difundir sons e valores no país.

A radiodifusão surgiu no Brasil na década de 1920, mas, no início, havia poucos aparelhos de transmissão. Assim, era comum que alguns vizinhos se reunissem para ouvir seus programas preferidos. Na década seguinte, com a diminuição dos preços dos aparelhos, o rádio popularizou-se e foram criados programas dos mais diversos estilos, como os humorísticos, as radionovelas, os esportivos e os de auditório.

Uma das atrações do rádio eram as cantoras, que conquistavam o público. Intérpretes como Carmen Miranda (1909-1955), Aracy de Almeida (1914-1988), Isaurinha Garcia (1923-1993), Linda Batista (1919-1988) e Emilinha Borba (1923-2005) fizeram sucesso durante *os anos de ouro* do rádio no Brasil.

As radionovelas também faziam muito sucesso entre o público e são precursoras dos folhetins que atualmente são líderes de audiência na televisão.

Para que as radionovelas despertassem as emoções dos ouvintes, além da interpretação dos atores, principalmente da entonação da voz, era fundamental o trabalho do sonoplasta, profissional responsável pela criação de todos os sons e ruídos da história, como o de portas se abrindo, campainhas e telefones tocando e chuva caindo. Para obter esses sons e ruídos, os sonoplastas utilizavam objetos ou sons já gravados.

Embora não façam tanto sucesso quanto faziam antes da chegada da televisão ao Brasil, ainda hoje são produzidas radionovelas. Ouça na faixa 15 do CD um trecho de um capítulo de uma radionovela atual.

A hegemonia do rádio permaneceu até a década de 1950, quando a televisão chegou ao Brasil.

A cantora Carmen Miranda foi a primeira mulher, em 1933, a assinar contrato com uma rádio. A partir de 1939, estrelou muitos filmes nos Estados Unidos, alcançando estrondoso sucesso.

Emilinha Borba canta em apresentação na Rádio Nacional, em São Paulo (SP), em 1952. As cantoras eram uma das principais atrações do rádio e conquistavam o público.

## O SAMBA E SUAS ORIGENS

O **samba** é um dos principais estilos musicais brasileiros, e algumas de suas variações são o samba-exaltação (que conhecemos nas páginas anteriores), o samba de roda, o samba-enredo e o pagode.

A influência africana foi fundamental para a formação da identidade cultural brasileira. Grupos de africanos escravizados trazidos para o Brasil entre os séculos XVI e XIX trouxeram para o país muitas manifestações e expressões que permanecem fazendo parte do dia a dia dos brasileiros. Entre esses elementos de origem africana introduzidos no Brasil, destaca-se o samba.

Acredita-se que o samba tenha surgido a partir da fusão de diferentes cantos e danças realizados pelos africanos escravizados. A **umbigada**, por exemplo, presente em muitas danças de origem africana, é considerada uma das principais matrizes do samba. Outro elemento fundamental é o ritmo obtido por meio de instrumentos de percussão, como tambores e atabaques.

A compositora e intérprete Clementina de Jesus (1901-1987) durante apresentação em São Paulo (SP), em 1975. Clementina de Jesus é considerada uma das mais importantes cantoras de samba do Brasil.

Pessoas tocam atabaques, no Rio de Janeiro. Foto de 2007.

## O SAMBA DE RODA

O **samba de roda** é uma das mais antigas e tradicionais variações de samba observadas no Brasil e constitui uma importante expressão musical, coreográfica e poética da cultura brasileira. O samba de roda está presente principalmente na Bahia, na região do Recôncavo Baiano, que é uma faixa de terra que se estende em torno da Baía de Todos os Santos.

No samba de roda, os dançarinos e os instrumentistas se organizam em círculo. O ritmo é ditado pelo som dos instrumentos musicais, como o pandeiro, o prato, a faca e a viola, e pelo bater de palmas dos participantes da roda, os quais entoam cantos curtos que se repetem. No interior da roda, os dançarinos se revezam realizando coreografias. O movimento mais comum dessas coreografias é o **miudinho**. No miudinho, os dançarinos realizam um leve sapatear para a frente e para trás, com os pés quase colados no chão.

O músico Dorival Caymmi. Foto de 1985.

Apresentação de samba de roda em Santo Amaro (BA). Foto de 2017.

O intérprete e compositor João Gilberto em apresentação em São Paulo (SP), em 1996.

Em 2005, o samba de roda do Recôncavo Baiano foi reconhecido pelo Instituto do Patrimônio Histórico e Artístico Nacional (Iphan) como patrimônio imaterial da humanidade. O samba de roda influenciou a produção de músicos como Dorival Caymmi (1914-2008), João Gilberto e Caetano Veloso.

### PARA ACESSAR

- **Dorival Caymmi**. Disponível em: <http://www.dorivalcaymmi.com.br/>. Acesso em: 2 jul. 2018.

    Nesse endereço eletrônico é possível acessar dados artísticos e biográficos de Dorival Caymmi, além de fotos e documentos audiovisuais e partituras, e ouvir canções do artista. O site traz, por exemplo, a discografia completa do cantor e compositor.

Caetano Veloso durante apresentação no Rio de Janeiro (RJ), em 2012.

## Edith do Prato

A cantora, compositora e percussionista Edith Oliveira Nogueira (1916-2009), conhecida como Edith do Prato, nasceu em Santo Amaro, no Recôncavo Baiano. Desde muito cedo, Edith cantava nas apresentações de samba de roda que aconteciam em sua cidade. Ela se destacou por ser exímia cantora e por ditar o ritmo de suas apresentações com um prato e uma faca. Dessa característica surgiu seu nome artístico, Edith do Prato. Ouça, na faixa 16 do CD, uma gravação de Edith do Prato interpretando a canção "Marinheiro só" e perceba a percussão feita com prato e faca.

Edith do Prato tinha uma relação muito próxima com a família dos irmãos Caetano Veloso e Maria Bethânia, que também nasceram em Santo Amaro. Foi Caetano Veloso, a quem ela amamentou quando bebê, o responsável pelo início da carreira profissional da artista. Em 1972, Edith do Prato participou de duas faixas do disco *Araçá azul*, lançado por Caetano. O primeiro disco solo de Edith do Prato foi lançado em 2003 e trouxe canções tradicionais do samba de roda do Recôncavo Baiano.

Edith do Prato é considerada uma das mais importantes representantes do samba de roda e sua obra continua a ser uma influência para a produção de muitos músicos, como a cantora e compositora Mariene de Castro.

Edith do Prato durante apresentação em Salvador (BA), 2005.

Mariene de Castro se apresenta em Salvador (BA), em 2017.

- Em sua opinião, qual é a importância da valorização e da manutenção de saberes de pessoas como a artista Edith do Prato? Compartilhe sua opinião com os colegas.

## O SAMBA NO RIO DE JANEIRO

O samba foi introduzido no Rio de Janeiro no século XIX, quando muitas pessoas foram para a então capital do Brasil em busca de melhores condições de vida. Essas pessoas, muitas de origem africana, levaram para o Rio de Janeiro o samba e outras tradições culturais afro-brasileiras.

As principais responsáveis pela formação e pela consolidação do samba carioca foram as "tias baianas", como eram conhecidas as mulheres (muitas delas, baianas) que organizavam rodas de samba e grandes festas em suas residências. Foi em homenagem a essas mulheres, as "tias baianas", que as escolas de samba criaram a *ala das baianas*.

Uma dessas tias baianas se tornou muito conhecida. Era Hilária Batista de Almeida (1854-1924), a Tia Ciata. Nascida em Salvador, ela morou na região da Praça Onze, no Rio de Janeiro, onde foram realizados os primeiros desfiles de carnaval. Tia Ciata comandava uma pequena equipe de baianas que vendia doces e quitutes e se tornou uma das principais lideranças dos afrodescendentes no Rio de Janeiro.

Pixinguinha toca saxofone. Além de compositor e arranjador musical, Pixinguinha foi um importante instrumentista. Foto de 1961.

Em sua casa, Tia Ciata promovia festas às quais compareciam pessoas de diferentes culturas e classes sociais. Dessas festas, participavam músicos e compositores, como Alfredo da Rocha Vianna, o Pixinguinha (1897-1973), Ernesto Joaquim Maria dos Santos, conhecido como Donga (1890-1974), João Machado Guedes, o João da Baiana (1887-1974), Mauro de Almeida (1882-1956) e Heitor dos Prazeres (1898-1966), que também era artista plástico.

Ala das baianas no desfile da escola de samba União da Ilha do Governador, no carnaval de 2016, no Rio de Janeiro (RJ).

## O PRIMEIRO SAMBA GRAVADO

A primeira música classificada como samba e lançada em disco foi composta na casa de Tia Ciata por Donga e Mauro de Almeida, em 1916. Com o nome "Pelo telefone", a canção foi gravada em 1917.

Acredita-se que, além de Donga e Mauro de Almeida, outros sambistas tenham participado da composição da música. Alguns sambistas da época chegaram a acusar Donga de se apropriar de uma composição coletiva (de vários autores). De qualquer maneira, graças à popularidade da canção, o termo *samba* se difundiu rapidamente, tornando-se, em algumas décadas, o símbolo da música popular brasileira.

Com a popularidade do samba, vários artistas do Rio de Janeiro tornaram-se conhecidos em todo o Brasil. Um deles foi José Barbosa da Silva (1888-1930), conhecido como Sinhô. Na década de 1920, Sinhô compôs sambas de muito sucesso, como "Jura" e "Gosto que me enrosco". Por essas e várias outras composições, Sinhô recebeu o título de "rei do samba".

Selo da gravação do samba "Pelo Telefone", realizada entre 1917 e 1920. Museu da Imagem e do Som (MIS) do Rio de Janeiro (RJ).

Donga no Rio de Janeiro (RJ), em 1971.

Retrato de Sinhô. Fotógrafo e data desconhecidos.

### PARA ACESSAR

**Iphan – Dossiê das matrizes do samba no Rio de Janeiro.** Disponível em: <http://portal.iphan.gov.br/uploads/publicacao/DossieSambaWeb.pdf>. Acesso em: 14 out. 2018.

Nesse *link*, é possível obter informações sobre a história do samba no Rio de Janeiro, com destaque para o partido-alto, o samba de terreiro e o samba-enredo, variações características do samba carioca.

## ATIVIDADE

- (Enem) "Por onde houve colonização portuguesa, a música popular se desenvolveu basicamente com o mesmo instrumental. Podemos ver cavaquinho e violão atuarem juntos aqui, em Cabo Verde, em Jacarta, na Indonésia, ou em Goa [na Índia]. O caráter nostálgico, sentimental, é outro ponto comum da música das colônias portuguesas em todo o mundo. O kronjong, a música típica de Jacarta, é uma espécie de lundu mais lento, tocando comumente com flauta, cavaquinho e violão. Em Goa não é muito diferente."

De acordo com o texto de Henrique Cazes, grande parte da música popular desenvolvida nos países colonizados por Portugal compartilham um instrumental, destacando-se o cavaquinho e o violão. No Brasil, são exemplos de música popular que empregam esses mesmos instrumentos:

a) Maracatu e ciranda.
b) Carimbó e baião.
c) Choro e samba.
d) Chula e siriri.
e) Xote e frevo.

# ATIVIDADES PRÁTICAS

1. Ouça, na faixa 17 do CD, a canção "Jura", de Sinhô, e acompanhe a letra a seguir.

## Jura

"Jura, jura

Jura pelo Senhor

Jura pela imagem

Da Santa Cruz do Redentor

Pra ter valor a tua jura

Jura, jura

De coração

Para que um dia

Eu possa dar-te o meu amor

Sem mais pensar na ilusão

Daí então

Dar-te eu irei

O beijo puro na catedral do amor

Dos sonhos meus

Bem junto aos teus

Para fugir das aflições da dor."

SINHÔ. Jura. Em: PAGODINHO, Zeca. *Juras de amor*. Rio de Janeiro: Universal, 2000. Faixa 1.

a) Ouça novamente prestando atenção à marcação do ritmo pelos instrumentos. Perceba quantas vezes a letra é cantada na música e o que acontece entre uma vez e outra.

b) Ao ouvir a música, tente ir cantando junto com a gravação para memorizar a melodia.

c) Em seguida, em grupo, crie com seus colegas um ritmo para acompanhar a música. Esse ritmo pode ser executado batendo palmas ou qualquer outra forma de percussão corporal. Quando estiverem seguros, mostrem aos colegas dos outros grupos o ritmo criado.

2. Ouçam, mais uma vez, a canção "Marinheiro só" na faixa 16 do CD. Depois, com a sala dividida em dois grupos, procurem cantar a música de modo que um dos grupos faça o solo e outro o coro (a parte que responde sempre "Marinheiro só"). Ensaiem com a gravação até serem capazes de cantar sem essa base. Para tornar a atividade mais interessante, procurem também na internet apresentações de samba de roda, como uma referência inicial, e criem sua própria coreografia para essa música. Combinem com o professor uma data para apresentar a música e a dança para colegas de outras salas.

3. Reúna-se com quatro colegas. Selecionem um grupo de samba ou um sambista para pesquisar. Procurem informações sobre a origem do grupo ou do artista selecionado e suas principais influências. Selecionem uma música desse artista ou grupo e apresentem-na aos colegas e ao professor. Compartilhem com a turma o resultado da pesquisa.

# TEMA 4 — UMA "ÓPERA" POPULAR

## AS ESCOLAS DE SAMBA

No início do século XX, o centro do Rio de Janeiro passou por diversas reformas urbanas, como a demolição de antigos prédios e o alargamento de avenidas. Com essas reformas, a população mais pobre foi expulsa da região central e se viu obrigada a erguer barracos nos morros próximos ou se deslocar para áreas distantes do centro da cidade. Naquela época, o cenário da cidade do Rio de Janeiro obteve a configuração que se mantém até hoje, passando a ser composta de alguns bairros muito ricos, sobretudo no centro e na zona sul, e de grandes grupos de moradias precárias nos morros, conhecidas como *favelas*.

Nos bairros pobres, viviam muitos músicos que ajudaram a consolidar o samba urbano carioca, iniciado nas festas promovidas pelas tias baianas (mencionadas no Tema anterior). No bairro conhecido como Estácio, por exemplo, viviam os sambistas que, em 1928, fundaram o bloco Deixa Falar, considerado mais tarde a primeira **escola de samba** do Brasil.

Acredita-se que a expressão *escola de samba* deva-se ao fato de que a sede do bloco Deixa Falar funcionava perto de uma escola no bairro do Estácio. Os sambistas que frequentavam o local diziam que ali também funcionaria uma escola, mas uma "escola de samba".

Desfile de carnaval no Rio de Janeiro, na década de 1910.

## O SAMBÓDROMO DO RIO DE JANEIRO

Com a fundação da Deixa Falar, em pouco tempo diversas outras escolas de samba foram fundadas, como a do Morro da Mangueira e a do Morro do Salgueiro. Anos depois, teve início a competição entre essas escolas de samba, que era disputada na Praça Onze.

Como esses desfiles atraíam um grande público, em 1935 eles foram oficializados pela prefeitura do Rio de Janeiro. Com o passar do tempo, os desfiles cresceram, o número de escolas de samba aumentou e o carnaval passou a ser realizado na Avenida Rio Branco, uma grande avenida da cidade.

Atualmente, uma vez ao ano, durante o carnaval, as escolas de samba do Rio de Janeiro participam de um campeonato na Passarela Professor Darcy Ribeiro, popularmente conhecida como **Sambódromo**. Nesse campeonato são considerados vários aspectos do desfile das escolas de samba, como a forma de apresentação do tema escolhido e a beleza das fantasias. Embora tenham começado no carnaval carioca, desfiles e concursos de escolas de samba são promovidos em várias cidades brasileiras.

Inaugurado em 1984, o Sambódromo do Rio de Janeiro foi projetado pelo arquiteto Oscar Niemeyer (1907-2012). Na foto, desfile da escola de samba Acadêmicos do Salgueiro no Sambódromo, no carnaval de 2013.

## O ENCONTRO DE MUITAS LINGUAGENS

Muitos comparam os desfiles de escola de samba aos grandes espetáculos de ópera. Nessa comparação com a ópera, no carnaval, o libreto seria o **enredo** (o tema a ser apresentado no desfile) e a orquestra seria a **bateria** (conjunto de instrumentos de percussão que acompanha o desfile).

Os desfiles carnavalescos, assim como a ópera, reúnem elementos de diferentes linguagens. O conhecimento de técnicas relacionadas às artes visuais, como a pintura e a escultura, por exemplo, é fundamental para a produção dos elementos que compõem um desfile de carnaval, como os **carros alegóricos** e as **fantasias**.

Os carros alegóricos são grandes cenários móveis montados sobre estruturas de caminhões ou de ônibus. Fazem parte desses cenários diversos elementos visuais, como móveis, objetos e esculturas, que representam trechos ou elementos do enredo escolhido. Além dos elementos visuais, os carros alegóricos transportam alguns integrantes da escola.

As fantasias – que são as vestimentas que os integrantes da escola usam – equivalem ao figurino do teatro ou da ópera e auxiliam no desenvolvimento do enredo escolhido pela escola. O profissional responsável por transformar a ideia de um enredo em um desfile é chamado **carnavalesco**.

Desfile da escola de samba Imperatriz Leopoldinense, no Rio de Janeiro (RJ), em 2011.

Joãosinho Trinta (1933-2011), famoso carnavalesco, foi homenageado pela escola de samba Beija-Flor, no desfile de 2012.

## O TEATRO E A DANÇA

O desfile de uma escola de samba lembra uma grande apresentação teatral, na qual "atores" e "atrizes" cantam e encenam uma história para o público, que acompanha o espetáculo das arquibancadas. Elementos cênicos, como expressões corporais e faciais, ocupam cada vez mais espaço nos desfiles de escolas de samba. Os integrantes da **comissão de frente** (o grupo que vai à frente da escola, abrindo o desfile), por exemplo, especializa-se cada vez mais na encenação de histórias, em apresentações que reúnem elementos do teatro e da dança.

Os integrantes das comissões de frente das escolas de samba são orientados, em seus ensaios, por coreógrafos e bailarinos. Esses profissionais são responsáveis por criar uma coreografia que ajude a escola a contar o enredo escolhido. Os dançarinos Carlinhos de Jesus e Deborah Colker são alguns dos coreógrafos que trabalham com as comissões de frente nas escolas de samba.

A dança também faz parte na apresentação das alas dos passistas, que muitas vezes são coreografadas, e nas exibições do mestre-sala e da porta-bandeira. Cabe à porta-bandeira levar o estandarte, espécie de bandeira que simboliza a escola.

Porta-bandeira e mestre-sala da escola de samba Império Serrano no desfile de carnaval de 2018, no Rio de Janeiro (RJ).

Apresentação da comissão de frente da escola de samba Paraíso do Tuiuti, no carnaval de 2018, no Rio de Janeiro (RJ).

## A MÚSICA NOS DESFILES DE ESCOLAS DE SAMBA

O **samba-enredo** é a música composta para contar a história escolhida pela escola de samba. Os intérpretes cantam o samba-enredo durante toda a apresentação da escola no desfile. Eles são popularmente chamados "puxadores", pois cabe a eles animar os integrantes da escola para que cantem o samba-enredo. Um dos mais importantes intérpretes de samba-enredo do carnaval carioca foi o cantor e compositor Jamelão, apelido de José Bispo Clementino dos Santos (1913-2008). Integrante da escola de samba Estação Primeira de Mangueira por décadas, ele é considerado um dos mais importantes sambistas brasileiros.

A **bateria** é outro elemento musical essencial nos desfiles de escolas de samba. Responsável por manter o ritmo ao longo do desfile, a bateria é considerada o "coração" de uma escola de samba. Entre os instrumentos que compõem a bateria, destacam-se o chocalho, a cuíca, o agogô, o tamborim, a caixa, o repique, o atabaque e diversos tipos de surdo. Ouça, na faixa 18 do CD, o som de cada um desses instrumentos e a apresentação de uma bateria completa. Assim como nas orquestras, as baterias têm um regente, que é o **diretor de bateria**, também chamado de **mestre de bateria**.

Jamelão "puxa" o samba no desfile da escola Estação Primeira de Mangueira no carnaval do Rio de Janeiro, em 1987.

O mestre de bateria Rodrigo Explosão à frente da bateria da Estação Primeira de Mangueira, no carnaval de 2016, no Rio de Janeiro (RJ).

# ATITUDES PARA A VIDA

## Os problemas dos outros

Uma das maiores barreiras que as pessoas encontram quando precisam tratar de seus problemas com a sociedade em geral é a **ressonância** daquilo que dizem nos seus interlocutores. Imagine que uma pessoa encontra-se em uma situação muito difícil e precisa de alguma maneira explicar para outra pessoa os seus problemas. Se a outra pessoa não se dispuser a colocar-se no lugar daquela que lhe conta os seus problemas, como ela poderia entendê-los e, talvez, ajudá-la a superá-los?

Muitas vezes somos essa pessoa que não se coloca no lugar do outro e acaba desconsiderando a gravidade dos problemas que não afetam o grupo social ao qual pertencemos. Por muito tempo, esse foi o caso da experiência que os africanos escravizados e seus descendentes tiveram de passar, durante e depois do período da escravidão. Até hoje há pessoas que relativizam o grave problema que é para a sociedade brasileira ter, em sua história, a mancha de ter um grupo de proprietários que enriqueceram e constituíram fortunas graças à exploração brutal da mão de obra de mulheres e homens negros escravizados.

A escola de samba Paraíso do Tuiuti fez um desfile que causou grande polêmica em 2018, com o samba-enredo *Meu Deus, meu Deus, está extinta a escravidão?* No desfile em questão, os carnavalescos fizeram uso de alegorias para expor seu ponto de vista sobre problemas que acompanharam a história da sociedade brasileira.

O desfile da escola de samba Paraíso do Tuiuti causou reações de diversos setores da sociedade brasileira. Enquanto alguns se identificaram com os problemas sociais que o desfile denunciava, outros se sentiram irritados pela abordagem de temas sociais e políticos.

### *Meu Deus, meu Deus, está extinta a escravidão?*

"Não sou escravo de nenhum senhor
Meu Paraíso é meu bastião
Meu Tuiuti, o quilombo da favela
É sentinela da libertação

Irmão de olho claro ou da Guiné
Qual será o seu valor? Pobre artigo
[de mercado
Senhor, eu não tenho a sua fé, e nem
[tenho a sua cor
Tenho sangue avermelhado
O mesmo que escorre da ferida
Mostra que a vida se lamenta por
[nós dois
Mas falta em seu peito um coração
Ao me dar a escravidão e um prato
[de feijão com arroz

Eu fui mandiga, cambinda, haussá
Fui um Rei Egbá preso na corrente
Sofri nos braços de um capataz
Morri nos canaviais onde se
[plantava gente

Ê, Calunga, ê! Ê, Calunga!
Preto Velho me contou, Preto Velho
[me contou
Onde mora a Senhora Liberdade
Não tem ferro nem feitor {bis}

Amparo do Rosário ao negro Benedito
Um grito feito pele do tambor
Deu no noticiário, com lágrimas
[escrito
Um rito, uma luta, um homem de cor

E assim, quando a lei foi assinada
Uma lua atordoada assistiu fogos
[no céu
Áurea feito o ouro da bandeira
Fui rezar na cachoeira contra a
[bondade cruel

Meu Deus! Meu Deus!
Se eu chorar, não leve a mal
Pela luz do candeeiro
Liberte o cativeiro social {bis}"

RUSSO, Cláudio; ANIBAL; JURANDIR; LUZ, Moacyr; ZEZÉ. *Meu Deus, meu Deus, está extinta a escravidão?* Rio de Janeiro: G.R.E.S. Paraíso do Tuiuti, 2018. (Samba-enredo.)

## QUESTÕES

1. Faça uma pesquisa na internet pelo clipe do samba-enredo de 2018 da escola Paraíso do Tuiuti e o assista acompanhando com a letra aqui transcrita. Que trechos da canção evidenciam a intenção de conversar com a pessoa que escuta a música, buscando chamar sua atenção para um problema social?

2. De que maneira os trechos que você apontou poderiam colaborar para convencer alguém que defendesse a escravidão a repensar tal posicionamento? Qual das atitudes para vida você acha que essa pessoa precisaria desenvolver para escutar o apelo da canção? Por quê?

3. Como você acha que a atitude de **pensar e comunicar-se com clareza** pode ser útil para resolver problemas de nossa sociedade?

## ATIVIDADE PRÁTICA

- Forme um grupo com quatro colegas e escolham um tema para criar um samba-enredo. Façam uma pesquisa a respeito do tema escolhido, pois a criação de vocês deve apresentar detalhes desse tema. Para acompanhar a apresentação da canção criada por vocês, utilizem como instrumentos de percussão tampas de panela, latas e garrafas plásticas, entre outros materiais. Ensaiem a apresentação da canção algumas vezes e, na data agendada pelo professor, apresentem seu samba-enredo aos colegas e assistam às produções dos outros grupos.

## ORGANIZAR O CONHECIMENTO

**1.** Associe os termos a seguir com suas respectivas descrições, que estão logo abaixo.

A) tessitura vocal
B) puxador
C) orquestra sinfônica ou filarmônica
D) libreto
E) carnavalesco
F) orquestra de câmara
G) partitura

( ) Orquestra mais completa, em que se toca um número maior de instrumentos.
Se você errou essa resposta, retome a leitura do tópico "A orquestra".

( ) Registro gráfico de uma música.
Se você errou essa resposta, retome a leitura do tópico "A orquestra".

( ) Conjunto de notas musicais que um instrumento musical – ou a voz de um cantor – é capaz de emitir com qualidade sonora.
Se você errou essa resposta, retome a leitura do tópico "A ópera".

( ) Orquestra com um número menor de instrumentos.
Se você errou essa resposta, retome a leitura do tópico "A orquestra".

( ) Texto para ser cantado ou recitado em uma ópera.
Se você errou essa resposta, retome a leitura do tópico "A identidade nacional na obra de Carlos Gomes".

( ) Intérprete que canta o samba-enredo durante toda a apresentação de uma escola de samba em um desfile.
Se você errou essa resposta, retome a leitura do tópico "A música nos desfiles de escola de samba".

( ) Profissional responsável por transformar a ideia de um enredo de escola de samba em um desfile.
Se você errou essa resposta, retome a leitura do tópico "O encontro de muitas linguagens".

**2.** Complete a afirmação abaixo:

Os instrumentos que compõem as orquestras sinfônicas são organizados em quatro grupos: o grupo das _____, que tem instrumentos como o violino, o violoncelo e o contrabaixo; o das _____, composto de instrumentos como a flauta, o oboé, o clarinete e o fagote; o dos _____, com instrumentos como a trompa, o trompete, o trombone e a tuba; e o da _____, que tem instrumentos como o tímpano, os pratos e o gongo.

Se você errou as respostas, retome a leitura do tópico "Os instrumentos de uma orquestra".

**3.** Identifique cada uma das afirmativas a seguir como verdadeira (V) ou falsa (F).

( ) O piano é um instrumento de teclado, mas o seu som é produzido por cordas que ficam em seu interior e são percutidas por pequenos martelos. Por isso podemos dizer que o piano é tanto um instrumento de percussão quanto de cordas.
Se você errou essa resposta, retome a leitura do tópico "Os instrumentos de uma orquestra".

( ) Na composição *O guarani*, Villa-Lobos utilizou diferentes instrumentos, como o oboé e o piano, para reproduzir os sons da floresta, e a flauta, para recriar o canto dos pássaros. Essa música também tem diversas variações rítmicas, de forma a retratar os diferentes ritmos da floresta.
Se você errou essa resposta, retome a leitura do tópico "As viagens de Villa-Lobos".

( ) A bateria é um elemento musical essencial nos desfiles de escolas de samba. Alguns dos principais instrumentos da bateria são: chocalho, cuíca, agogô, tamborim, caixa, repique, atabaque e surdo.
Se você errou essa resposta, retome a leitura do tópico "A música nos desfiles de escolas de samba".

# UNIDADE 4
## DANÇA: MUDANÇAS E RUPTURAS

- **TEMA 1** UM CONVITE À REFLEXÃO
- **TEMA 2** A DANÇA A PARTIR DO SÉCULO XX
- **TEMA 3** DANÇA E RUPTURA
- **TEMA 4** A DANÇA COMO MANIFESTO

PABLO BERNARDO/CIA FUSION DE DANÇAS URBANAS

# DE OLHO NA IMAGEM

Da esquerda para a direita, os dançarinos Isabela IsaGirl (de costas), Augusto Guerra, Aline Mathias, Leandro Belilo, Silvia Kamylla e Jonatas Pitucho em apresentação do espetáculo *Pai contra mãe*, da Cia. Fusion de Danças Urbanas, em Belo Horizonte (MG), em 2016.

1. Os dançarinos que participam na cena retratada na foto ocupam o mesmo nível do espaço?

2. Que sensações esses movimentos despertam em você?

3. Você já viu ou fez movimentos parecidos com os realizados pelos dançarinos?

4. Você já viu ou utilizou vestimentas como as do figurino dos dançarinos? Por que esse figurino teria sido escolhido?

5. Observe as cores e as formas da cena: figurinos, iluminação, cenário e descreva-as. O que você poderia dizer sobre elas?

## Cia. Fusion de Danças Urbanas

O espetáculo retratado na abertura desta Unidade foi produzido pela Cia. Fusion de Danças Urbanas. O trabalho da companhia começou informalmente no ano de 2002 entre um grupo de amigos que gostavam de se reunir para dançar e aprender danças urbanas. Em 2009, a companhia estreou seu primeiro trabalho profissional, chamado *Som*, sendo seguido por outras produções como *Matéria prima* (2012), *Meráki* (2013), entre outras.

Da esquerda para a direita, os dançarinos Vick Alves, Fabricio Eustáquio, Leandro Belilo, Augusto Guerra e Wallison Culu em apresentação do espetáculo *Matéria prima*, da Cia. Fusion de Danças Urbanas, em Belo Horizonte (MG), em 2013.

A companhia é dirigida por Leandro Belilo e tem como principal objetivo a pesquisa e a divulgação das **danças urbanas**, como são chamadas as danças que surgiram e que são tradicionalmente realizadas em centros urbanos. As danças urbanas também são conhecidas como **danças de rua**.

Em 2016, os integrantes da companhia inauguraram sua sede, a Cafuá – Casa Fusion de Arte. Nesse local são oferecidas aulas de dança e também ocorrem exposições e apresentações de obras de diferentes linguagens artísticas.

Alunos participam de aula na Cafuá. Belo Horizonte (MG), 2013.

# UM CONVITE À REFLEXÃO

## O ESPETÁCULO *PAI CONTRA MÃE*

O espetáculo *Pai contra mãe* foi desenvolvido pela Cia. Fusion de Danças Urbanas em 2016. Essa produção teve como referência um conto escrito por Machado de Assis (1839-1908) poucos anos após a abolição da escravidão, em 1888. Nesse conto – intitulado *Pai contra mãe* –, Machado de Assis faz duras críticas ao sistema escravocrata e chama a atenção para a violência com que eram tratados os negros escravizados.

Após ler e discutir sobre o texto de Machado de Assis, os integrantes da Cia. Fusion decidiram desenvolver um projeto de dança em que pudessem convidar o público a refletir sobre a condição dos negros, especialmente das mulheres, na sociedade atual. Assim nasceu o espetáculo *Pai contra mãe*, cuja imagem vimos na abertura desta Unidade.

Durante a apresentação, os dançarinos abordam a dramaticidade de temas como a discriminação e a violência, elementos centrais do espetáculo. Veja a foto reproduzida a seguir e note a força dos braços e a forma como os dançarinos se tocam.

Machado de Assis em fotografia de 1890, de Marc Ferrez. Instituto Moreira Salles (IMS).

Da esquerda para a direita, os dançarinos Isabela IsaGirl (com blusa com capuz), Silvia Kamylla (de costas), Aline Mathias e Wallison Culu em apresentação do espetáculo *Pai contra mãe*, da Cia. Fusion de Danças, em Belo Horizonte (MG), em 2016.

## A PROPOSTA DA CIA. FUSION

As coreografias do espetáculo *Pai contra mãe* reforçam a proposta do grupo de levar para o palco elementos das danças urbanas. Nesse espetáculo, os dançarinos realizam, por exemplo, diversos movimentos do **break**, dança que surgiu nos Estados Unidos e que se caracteriza pela realização de movimentos predominantemente rápidos, fortes e diretos. No *break*, em geral, os dançarinos exploram todos os níveis do espaço (alto, médio e baixo).

Em um dos movimentos mais característicos do *break*, os dançarinos usam o apoio das mãos no chão para se equilibrar e girar. Veja esse movimento sendo representado na foto reproduzida ao lado e compare com a foto da abertura.

Grupo de pessoas dança *break*.

Desde a origem do *break*, são realizadas as "batalhas", competições em que dois grupos de dançarinos ficam frente a frente para se apresentar e ser avaliados pelo público. Note, na próxima foto, que essa característica também está presente no espetáculo *Pai contra mãe*.

Da esquerda para a direita, os dançarinos Wallison Culu, Isabela IsaGirl (mais abaixada), Augusto Guerra, Aline Mathias, Jonatas Pitucho e Silvia Kamylla em apresentação do espetáculo *Pai contra mãe* da Cia. Fusion de Danças Urbanas, em Belo Horizonte, em 2017.

## ATIVIDADE

- (Enem) "O *rap*, palavra formada pelas iniciais de *rhythm and poetry* (ritmo e poesia), junto com as linguagens da dança (o *break dancing*) e das artes plásticas (o grafite), seria difundido, para além dos guetos, com o nome de cultura *hip-hop*. O *break dancing* surge como uma dança de rua. O grafite nasce de assinaturas inscritas pelos jovens com *sprays* nos muros, trens e estações de metrô de Nova York. As linguagens do *rap*, do *break dancing* e do grafite se tornaram os pilares da cultura *hip-hop*."

    DAYRELL, J. *A música entra em cena*: o rap e o funk na socialização da juventude. Belo Horizonte: UFMG, 2005 (adaptado).

    Entre as manifestações da cultura *hip-hop* apontadas no texto, o *break* se caracteriza como um tipo de dança que representa aspectos contemporâneos por meio de movimentos

    a) retilíneos, como crítica aos indivíduos alienados.
    b) improvisados, como expressão da dinâmica da vida urbana.
    c) suaves, como sinônimo da rotina dos espaços públicos.
    d) ritmados pela sola dos sapatos, como símbolo de protesto.
    e) cadenciados, como contestação às rápidas mudanças culturais.

# OUTRAS EXPERIÊNCIAS

## Bastidores

Assim como a Cia. Fusion Danças Urbanas, artistas de diferentes linguagens criam obras com as quais chamam a atenção do público para questões sociais. É o caso da artista visual Rosana Paulino, autora das obras apresentadas nesta página.

Confira no vídeo ao lado a produção artística de Rosana Paulino.

**Entrevista com a artista visual Rosana Paulino**
O vídeo conta a trajetória da artista e destaca as temáticas presentes em seu trabalho. Disponível em <http://mod.lk/aa8u4t1a>

*Bastidores* (1997), de Rosana Paulino. Imagem transferida sobre tecido e costura sobre bastidor, 30 cm de diâmetro (cada bastidor). Coleção particular.

## ATIVIDADES

1. Para criar as obras apresentadas nesta página, Rosana Paulino utilizou bastidores. Você sabe o que é um bastidor e qual é a função desse objeto?

2. Você imagina por que a artista teria utilizado bastidores para produzir essas obras?

3. Em sua opinião, por que Rosana Paulino teria "costurado" a boca, os olhos e a garganta das mulheres retratadas nas obras?

4. Como essa obra se relaciona com o espetáculo *Pai contra mãe*, que você conheceu nas páginas anteriores?

## A TRILHA SONORA

É comum imaginarmos que a música deve ditar os movimentos de uma dança. Acredita-se, de modo geral, que a dança seja criada com base em uma música, respeitando seu ritmo, tempo e temática (quando há letra). Nessa situação, a dança só existe por causa da música. Entretanto, isso é diferente na dança contemporânea. Em muitos espetáculos, dança e música se relacionam, mas a dança não depende da música para acontecer. Elas dialogam, criando juntas sentido, sensações e imagens.

É o caso de *Pai contra mãe*. Uma das canções escolhidas para a trilha desse espetáculo é "Maria da Vila Matilde", do cantor e compositor Douglas Germano. A gravação que compõe a trilha é a realizada pela cantora Elza Soares, para o álbum *A mulher do fim do mundo*, em 2015. Confira na entrevista indicada abaixo, no objeto digital, o sentido de trilha sonora para a dançarina e coreógrafa Elisabete Finger.

Leia, abaixo, um trecho da letra dessa canção.

O cantor, compositor e instrumentista Douglas Germano em apresentação na cidade de São Paulo (SP), em 2018.

Elza Soares em *show* realizado no Rio de Janeiro (RJ), em 2017.

### Maria da Vila Matilde

"Cadê meu celular?
Eu vou ligar prum oito zero
Vou entregar teu nome
E explicar meu endereço
Aqui você não entra mais
Eu digo que não te conheço
E jogo água fervendo
Se você se aventurar

Eu solto o cachorro
E, apontando pra você
Eu grito: – Péguix guix guix guix
Eu quero ver
Você pular, você correr
Na frente dos vizim
Cê vai se arrepender de levantar a mão pra mim

Cadê meu celular?
Eu vou ligar prum oito zero
Vou entregar teu nome
E explicar meu endereço
Aqui você não entra mais
Eu digo que não te conheço
E jogo água fervendo
Se você se aventurar
[...]"

GERMANO, Douglas. Maria da Vila Matide. Em: SOARES, Elza. *A mulher do fim do mundo*. São Paulo: Circus, 2015. Faixa 3.

**A dança contemporânea por Elisabete Finger**

Na entrevista, a dançarina e coreógrafa Elisabete Finger fala sobre seu trabalho em dança contemporânea.
Disponível em <http://mod.lk/aa8u4t1b>

## ATIVIDADE

- Em sua opinião, por que a canção "Maria da Vila Matilde" teria sido escolhida para compor a trilha do espetáculo *Pai contra mãe*?

## O ESPETÁCULO *RAINHA*

As fotos reproduzidas nesta página são cenas de *Rainha*, espetáculo de dança apresentado em 2007 pelo grupo Margaridas Dança. A condição das mulheres negras na atualidade, com destaque para questões como a marginalização social, o preconceito racial e o machismo, é o tema abordado nesse espetáculo.

Em *Rainha*, duas dançarinas se expressam livremente por meio de movimentos, enquanto declamam textos de escritoras negras brasileiras e estrangeiras. Fazem parte do espetáculo, por exemplo, textos das brasileiras Carolina Maria de Jesus (1914-1977) e Negra Li e das estadunidenses Toni Morisson e Alice Walker. Na página seguinte você conhecerá mais sobre Carolina Maria de Jesus.

O espetáculo, assim como a proposta da Cia. Fusion de Danças Urbanas, reúne elementos da dança e da literatura. A trilha musical também faz referência ao universo feminino negro. São utilizadas, no espetáculo, canções que se tornaram sucesso com a interpretação de cantoras como Clementina de Jesus (1901-1987) e Clara Nunes (1943-1983).

As dançarinas Cleani Marques e Laura Virginia em cena do espetáculo *Rainha*, do grupo Margaridas Dança, em Brasília (DF), 2007.

As dançarinas Laura Virginia e Cleani Marques em apresentação do espetáculo *Rainha*, do grupo Margaridas Dança, em Brasília (DF), em 2007.

## Carolina Maria de Jesus

Carolina Maria de Jesus nasceu na zona rural do município de Sacramento (MG) e, ao longo da vida, trabalhou como empregada doméstica e catadora de materiais recicláveis. Ela estudou apenas até a segunda série do antigo Primário (correspondente ao terceiro ano do Ensino Fundamental), mas tinha muito talento para escrever.

Tinha um diário no qual anotava acontecimentos de seu dia a dia, as dificuldades pelas quais passava, seus sonhos, os cuidados com os filhos e a convivência com os vizinhos. Esse diário foi transformado em livro e publicado em 1960 com o título *Quarto de despejo: diário de uma favelada*. O livro ficou conhecido no mundo todo, além de ser adaptado para o teatro, para o cinema e para uma série de televisão. Uma das adaptações do livro para o cinema foi o curta-metragem *Carolina*, de Jeferson De, lançado em 2003.

No Museu Afro Brasil, em São Paulo (SP), há uma biblioteca com mais de 10 mil itens relacionados à cultura e à história africana e afro-brasileira. Essa biblioteca recebeu o nome de Carolina Maria de Jesus em homenagem à escritora.

Carolina Maria de Jesus autografa seu livro *Quarto de despejo: diário de uma favelada* em 1960.

As atrizes Gabrielly de Abreu e Zezé Motta em cena do curta-metragem *Carolina*, 2003.

### PARA ACESSAR

- **Museu Afro Brasil**. Disponível em: <http://www.museuafrobrasil.org.br/>. Acesso em: 20 ago. 2018.

O acervo do museu tem mais de cinco mil obras de diferentes áreas dos universos culturais africanos, indígenas e afro-brasileiro. Fazem parte da coleção gravuras, pinturas, desenhos, aquarelas, esculturas, documentos históricos, fotografias, mobiliário, obras têxteis, plumárias, cestarias, cerâmicas, entre outras, elaboradas desde o século XVI até hoje.

## O ARTISTA E SUA OBRA

### Laura Virginia

Leia a seguir trechos de uma entrevista com Laura Virginia, diretora do espetáculo *Rainha*, concedida exclusivamente para esta Coleção.

"**Entrevistador:** Qual é o tema central de Rainha e como essa proposta é desenvolvida?

**Laura Virginia:** O tema central é a reflexão sobre a condição da mulher negra na contemporaneidade. São abordados diferentes olhares dessa realidade: a marginalização social, o preconceito racial, a ancestralidade negra. Para isso criamos um espaço cênico e figurinos com objetos do cotidiano e os valorizamos com as cores de ouro e diamante. Os gestos cotidianos, a faxina, a roupa, as atividades domésticas, o cabelo, a cor da pele, tudo o que parece tão insignificante ganha força, brilho e lirismo quando dançamos e falamos a voz da mulher negra.

**Entrevistador:** E como foi o processo de criação do espetáculo?

**Laura Virginia:** Para o desenvolvimento do espetáculo Rainha, o elenco fez uma pesquisa literária durante seis meses e optou por usar poemas como base da criação. A maior dificuldade foi encontrar material de escritoras brasileiras, pela ausência de publicações de mulheres negras no país. Após reunir vários textos, alguns foram selecionados para entrar em cena. Os poemas foram usados tanto como inspiração para expressar o imaginário feminino negro como para compor a própria dança. A marginalização social, o preconceito racial, a sensualidade estereotipada e a ancestralidade negra são algumas das questões observadas no discurso das escritoras. Rainha transporta esse universo para o palco, com uma estrutura coreográfica que reflete um mosaico de palavras e movimento.

**Entrevistador:** E quais textos fazem parte do espetáculo?

**Laura Virginia:** Dentre os textos selecionados para compor o espetáculo e inspirar as cenas, encontramos material das escritoras brasileiras Carolina Maria de Jesus, Conceição Evaristo, Cristiane Sobral, Elisa Lucinda, Andreia Lisboa e Negra Li. Os poemas das norte-americanas são de Toni Morrison, Alice Walker, Audre Lord e Maya Angelou. A trilha sonora reforça esse universo feminino negro utilizando as canções 'Four women' e 'Images', de Nina

Laura Virginia atua no espetáculo *Buquê* do grupo Margaridas Dança, em Brasília (DF), em 2011.

Simone, 'Taratá', interpretada por Clementina de Jesus, e 'Ilu ayê', na voz de Clara Nunes.

**Entrevistador:** Fale mais a respeito do fato de o espetáculo Rainha reunir dança e literatura.

**Laura Virginia:** O espetáculo Rainha apresenta duas linguagens em diálogo: literatura e dança. A característica primordial do Margaridas Dança é que as nossas performances de dança são leituras em movimento; dançamos falando e falamos dançando. Falamos o quê? Poemas, partes dos textos literários que deram origem ao trabalho. No caso de Rainha, foram poemas e textos de escritoras negras brasileiras e estrangeiras. Desde o início do grupo, criamos uma linguagem particular de interpretar as coreografias usando a fala e o gesto simultaneamente. A essa linguagem demos o nome de Ações da Fala.

**Entrevistador:** Por que podemos afirmar que Rainha é um espetáculo de dança contemporânea?

**Laura Virginia:** Primeiro, porque é uma obra que possui as características da arte contemporânea. É imprevisível, sem uma narrativa linear; dialogamos com duas linguagens – a literatura e a dança – e a principal é a expressão autoral de artistas negras que, livremente, expressam sua inconformidade com sua condição na realidade contemporânea, mas ao mesmo tempo expressam tudo isso por meio da beleza e do lirismo."

Entrevista realizada em janeiro de 2015.

-  Neste Tema você conheceu dois espetáculos que reúnem dança e literatura. Agora, você viverá a experiência de criar, em grupo, uma dança autoral com base em um texto literário. Para isso, siga os passos indicados.

  **a)** Sob a orientação do professor, forme um grupo com mais cinco colegas.

  **b)** Leiam o trecho de *Quarto de despejo: diário de uma favelada*, de Carolina Maria de Jesus, reproduzido a seguir.

  > "15 DE JULHO DE 1955 Aniversário de minha filha Vera Eunice. Eu pretendia comprar um par de sapatos para ela. Mas o custo dos generos alimenticios nos impede a realização dos nossos desejos. Atualmente somos escravos do custo de vida. Eu achei um par de sapatos no lixo, lavei e remendei para ela calçar.
  >
  > Eu não tinha um tostão para comprar pão. Então eu lavei 3 litros e troquei com o Arnaldo. Ele ficou com os litros e deu-me pão. Fui receber o dinheiro do papel. Recebi 65 cruzeiros. Comprei 20 de carne. 1 quilo de toucinho e 1 quilo de açúcar e seis cruzeiros de queijo. E o dinheiro acabou-se.
  >
  > Passei o dia indisposta. Percebi que estava resfriada. A noite o peito doia-me. Comecei tussir. Resolvi não sair a noite para catar papel. Procurei meu filho João José. Ele estava na rua Felisberto de Carvalho, perto do mercadinho. [...]
  >
  > Esperei até as 11 horas, um certo alguem. Ele não veio. [...] Quando despertei o astro rei deslisava no espaço. A minha filha Vera Eunice dizia:
  > — Vai buscar agua mamãe!"
  >
  > JESUS, Carolina Maria de. *Quarto de despejo*: diário de uma favelada. São Paulo: Ática, 1993. p. 9. (Série Sinal Aberto)

  **c)** Após ler o trecho, analisem e destaquem os verbos (ações) presentes no texto. Depois de destacá-los, comecem a explorar movimentos individualmente com base nessas ações, por exemplo "achar", "comprar", "tossir", "esperar", "deslizar". Refaça e modifique os movimentos várias vezes até que perceba que está criando novos movimentos com base nos verbos destacados.

  **d)** Mostre para os colegas do seu grupo os movimentos que você criou. Após assistirem aos movimentos de todos, comecem a colocá-los em sequência. Escolham qual será o primeiro movimento e, em seguida, coloquem os outros movimentos em sequência, como se fossem palavras formando uma frase.

  **e)** Decidam em grupo se querem escolher alguma música ou fazer sua sequência em silêncio. Se optarem por música, escolham uma que seja instrumental, sem letra nenhuma. Vocês podem escolher mais de uma música e ensaiar algumas vezes para decidir qual é a mais interessante para a apresentação.

  **f)** Seguindo as orientações do professor, apresentem a criação aos colegas de turma.

  **g)** Depois que todos os grupos tiverem se apresentado, sentem-se em roda para conversar sobre como foi criar essa dança (facilidades e dificuldades) e sobre o que sentiram e compreenderam dos trabalhos uns dos outros.

# TEMA 2

# A DANÇA A PARTIR DO SÉCULO XX

## A DANÇA MODERNA

Propostas contemporâneas como as desenvolvidas pela Cia. Fusion de Danças Urbanas e pelo grupo Margaridas Dança só são possíveis graças a uma série de mudanças ocorridas na dança a partir do século XX, quando diversos dançarinos e pesquisadores passaram a renovar e a ampliar suas concepções e ideias a respeito da dança, dando início ao que chamamos de **dança moderna**.

Para entender quais foram essas rupturas, precisamos saber como era a dança antes do surgimento do que se chamou de *dança moderna*.

A história da dança remonta ao início da história da humanidade. Usar o corpo e seus movimentos para se expressar é algo que acontece desde quando nossos ancestrais realizavam movimentos corporais ritmados em ritos sagrados. A partir disso, a dança se desenvolveu ao longo da História de diversas formas pelo mundo: em cada época e continente a dança assumiu as mais variadas características e funções, como ocorre com as danças africanas, as orientais (indianas, japonesas), as tribais, as europeias e o balé, entre outras.

O balé foi o estilo de dança com o qual os precursores da dança moderna romperam diretamente, criando e propondo novas formas de dançar e organizar o corpo e seus movimentos.

Popularmente chamado de *balé clássico*, o balé romântico surgiu nas danças da corte, ou bailes reais. Eram dançadas nos salões em festas dos reinos, e tiveram como seu maior entusiasta o rei Luís XIV, também conhecido como Rei Sol. Dos bailes, a dança foi para os palcos e se desenvolveu até culminar no que chamamos de *balé romântico*. E por que romântico? Porque as histórias contadas nessas coreografias tinham como pano de fundo as ideias do Romantismo: amor platônico, a mulher como um ser perfeito e idealizado, amores trágicos e ideais utópicos. É também nesse período que surge a sapatilha de ponta, tão característica do balé. As mulheres eram consideradas seres tão puros e inalcançáveis que tinham um contato mínimo com a terra, como se estivessem voando. A primeira bailarina a dançar nas pontas foi Marie Taglioni (1804-1884), no balé *La Sylphide*.

*Marie Taglioni em La Sylphide* (c. 1860), de Marie-Alexandre Alophe. Litografia colorida a mão, dimensões desconhecidas. Museu Victoria & Albert, Londres, Reino Unido.

## AS RUPTURAS

As coreografias no balé romântico quase sempre mantinham o mesmo padrão: uma história romântica (temática), a presença de uma protagonista (primeira bailarina) e o corpo de baile. As apresentações acontecem em **palco italiano** (palco tradicional, no qual a plateia assiste ao espetáculo de frente), com música clássica tocada por orquestra.

Nessas coreografias, os movimentos simétricos e virtuosos dos bailarinos, rigidamente ensaiados e preestabelecidos (o papel dos bailarinos era apenas executar as coreografias criadas pelo coreógrafo), tinham relação direta com a música, e os figurinos eram específicos para esse tipo de dança (tutu para as bailarinas, colante e calça para os bailarinos).

Os bailarinos Roberta Marquez e Arionel Vargas em apresentação do espetáculo *Quebra-Nozes*, no Teatro Municipal do Rio de Janeiro, Rio de Janeiro (RJ), em 2009.

Diferentemente das outras linguagens artísticas, sobretudo das artes visuais, a dança não acompanhou cronologicamente os movimentos de vanguarda modernistas. Durante muito tempo se estabeleceu como dança esse modelo do balé romântico, porém é válido lembrar que o século XX foi palco das duas grandes guerras mundiais, que trouxeram destruição, miséria, e também uma mudança profunda na vida das pessoas e nos sentimentos e modos de ver e sentir a vida.

Foi nesse panorama devastado pela guerra que diversos artistas da dança, sobretudo mulheres, perceberam que era impossível continuar dançando e se expressando a partir do pensamento romântico. Para eles, era preciso criar novos modos de expressar e de refletir sobre o tempo e a realidade que eles estavam vivendo. Foi assim que surgiu a dança moderna.

Veja nas próximas páginas alguns expoentes desse novo olhar sobre a dança.

## ISADORA DUNCAN

Uma das pioneiras da dança moderna foi a dançarina estadunidense Isadora Duncan (1877-1927). Tendo a natureza como referência, a artista incorporou movimentos que se libertavam dos códigos preestabelecidos, valorizando a expressividade dos sentimentos e das emoções na composição de suas danças. Para ela, a dança deveria ser a expressão da alma, e não a exibição de técnicas.

Duncan revolucionou a linguagem da dança ao propor a liberdade de movimentos nas coreografias. Como você já viu, no balé romântico os bailarinos apenas executavam as coreografias criadas pelo coreógrafo. Isadora Duncan passou a criar as próprias coreografias, com movimentos livres e sem a simetria rígida do balé. Ela também mudou a relação com a música, muitas vezes dançando sem música ou ao som da natureza. Suas coreografias não ficavam presas a uma relação frontal com a plateia, podendo ser vistas de pontos de vista diferentes; ela usava até mesmo espaços ao ar livre para dançar. Uma das transformações mais marcantes de Isadora Duncan foi dançar com os pés descalços. Ela tira a mulher do mundo dos sonhos da sapatilha e dança com os pés inteiros no chão, buscando uma relação direta com a terra, e com a realidade.

A concepção de dança de Duncan influenciou artistas do mundo todo, possibilitando a criação de novas formas de dançar. No Brasil, os dançarinos Klauss Vianna (1928-1992) e Angel Vianna se destacaram ao desenvolver novas práticas de dança com base em estudos sobre anatomia e comportamento corporal do ser humano.

Isadora Duncan durante apresentação em 1918.

### AS MUDANÇAS NO FIGURINO

Isadora Duncan foi pioneira ao abolir a sapatilha de ponta e o figurino tradicional do balé clássico. Ela usava vestes leves e esvoaçantes, com influências daquelas utilizadas pelas mulheres da Grécia antiga.

Veja as fotos a seguir.

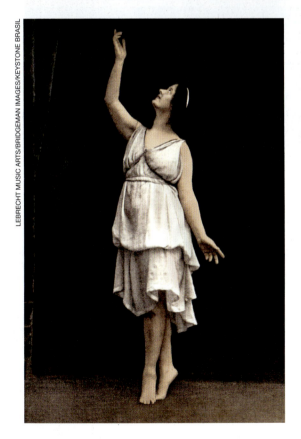

Fotos de Isadora Duncan durante apresentações no início do século XX. Note que os figurinos são feitos para dar mais liberdade à dançarina.

## LOIE FULLER

Outra dançarina estadunidense que contribuiu para a consolidação da dança moderna foi Loie Fuller (1862-1928). Assim como Isadora Duncan, Fuller acreditava que a dança deveria se libertar das narrativas dos contos de fadas, dos figurinos que restringiam movimentos e das coreografias fundamentadas em passos preestabelecidos.

Uma das principais inovações de Loie Fuller foi a criação de uma grande vestimenta de seda sobre a qual eram projetados feixes de luz coloridos durante suas apresentações. Para movimentar essa vestimenta, a dançarina utilizava bastões presos aos braços. O figurino, dessa maneira, transformava-se em uma grande tela em movimento. As coreografias realizadas com esse figurino ficaram conhecidas como **dança serpentina**.

Fuller não se preocupava em contar uma história com suas coreografias, como acontecia no balé. A dança não era mais um meio para se atingir alguma coisa (contar uma história linear), mas um fim em si mesmo, com seu próprio sentido e significados. O corpo passa a ser a matéria principal da expressão: são os movimentos e as possibilidades expressivas que são protagonistas da criação artística.

Loie Fuller viveu muitos anos em Paris, na França, onde seu trabalho alcançou grande repercussão. Na capital francesa, Fuller tornou-se amiga de vários artistas, cientistas e intelectuais, como o pintor Henri de Toulouse-Lautrec (1864-1901) e os irmãos Louis (1864-1948) e Auguste Lumière (1862-1954), considerados os criadores do cinema.

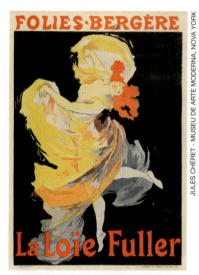

*Loie Fuller na Folies-Bergère* (1893), de Jules Chéret. Litografia, 123,2 × 87,6 cm. Museu de Arte Moderna de Nova York (MoMA), Estados Unidos. Cartaz de divulgação de uma apresentação de Loie Fuller na Folies-Bergère, uma famosa casa de *shows* de Paris.

Loie Fuller durante apresentação em c. de 1902.

# OUTRAS EXPERIÊNCIAS

## *Loie Fuller, a dançarina*

Durante os anos em que Loie Fuller viveu em Paris, vários artistas a tiveram como referência para criar obras visuais. Esses artistas buscavam representar a liberdade de movimentos e os efeitos esvoaçantes dos figurinos da dançarina. Entre as obras que representam Loie Fuller, merece destaque a escultura reproduzida nesta página.

O autor dessa escultura é Raoul François Larche (1860-1912), artista que se dedicava à **art nouveau**, estilo que se desenvolveu na Europa e nos Estados Unidos entre o final do século XIX e o início do século XX.

### PARA ASSISTIR

- **Loie Fuller**. Disponível em: <https://www.youtube.com/watch?v=Dda-BXNvVkQ&feature=youtu.be>. Acesso em: 21 ago. 2018.

Nesse vídeo, feito em 1905, é possível ver uma apresentação de Fuller com uma vestimenta esvoaçante.

*Loie Fuller, a dançarina* (1900), de Raoul François Larche. Escultura de bronze, 45,7 × 25,5 × 23,1 cm. Museu de Arte Moderna de Nova York (MoMA), Estados Unidos.

## RUDOLF LABAN

Outro dançarino que ajudou a promover a revolução na dança no século XX foi Rudolf Laban (1879-1958). Assim como Isadora Duncan e Loie Fuller, ele rompeu com as propostas de dança tradicionais e desenvolveu uma nova maneira de conceber a dança e se relacionar com essa manifestação artística.

Inicialmente, Laban estudou e pesquisou movimentos realizados por operários de fábricas, interessado em observar os fatores e os elementos do movimento. Para isso, ele desenvolveu uma metodologia de análise do movimento que chamou de *teoria dos esforços*.

Com essa teoria, ele conseguiu categorizar o movimento e, com base nisso, criar sequências de estudo e exploração para os dançarinos. Com seu trabalho, Laban desejava aproximar a dança da vida das pessoas. Por essa razão, os espetáculos produzidos por ele versavam sobre questões políticas e sociais da época.

Ele criou também um sistema de notação de movimentos (*labanotation*) e coreografias utilizado até hoje. Suas teorias sobre o movimento e a coreografia estão entre os principais fundamentos da dança moderna e fazem parte de todas as abordagens contemporâneas da dança.

Rudolf Laban, em 1929.

Grupo de dança dirigido por Laban durante ensaio em Bayreuth, Alemanha, 1930.

## ATIVIDADES

1. Pesquise vídeos de apresentação de balé romântico e escolha um que, para você, tenha a dança mais expressiva. Depois pense em como dançarinos de dança moderna poderiam realizar os movimentos do espetáculo escolhido com liberdade de movimentos, sem seguir a coreografia. Como você acha que ficaria essa dança?

2. Seguindo as orientações do professor, forme um grupo com quatro colegas. Escolham o vídeo que um dos colegas do grupo selecionou na atividade anterior e o assistam algumas vezes pensando em como cada um poderia realizar essa dança. Depois, cada grupo vai se apresentar para os colegas, improvisando livremente os movimentos.

## O Expressionismo na dança

O Expressionismo – que você conheceu na Unidade 1 – se manifestou em várias linguagens artísticas. Esse movimento buscava, pelo exagero e pela deformação da realidade, expressar de forma subjetiva a natureza e o ser humano tendo como foco a expressão dos sentimentos e imagens do inconsciente.

Na dança, como resposta ao mundo devastado pela guerra, os dançarinos buscavam expor o lado mais obscuro dos indivíduos, seus medos, desamparo, angústia e fragilidade diante do horror da realidade.

Corporalmente, isso resultou numa dança intensa, com foco nas contrações musculares (relaxamentos e tensões), torções do tronco, assimetrias, uso de caretas e deformidades faciais, uso de gestos, movimentos livres e improvisados, bem como o uso do chão. Como vimos, no balé romântico as bailarinas usavam sapatilhas de ponta para ficar o mais distante possível do solo, mas na dança expressionista os dançarinos passam a utilizar o chão como apoio para todo o corpo e para a construção das coreografias.

A **dança expressionista** é conhecida também como "dança abstrata", pois buscava expressar sentimentos e emoções em um movimento contrário ao de contar histórias com começo, meio e fim. A alemã Mary Wigman (1886-1973) foi uma das dançarinas mais importantes da dança expressionista. Aluna e colaboradora de Rudolf Laban, Wigman defendia a ideia de que a dança deveria se libertar da música, pois o corpo "canta" por si próprio.

As coreografias de Mary Wigman continham forte carga dramática, que era expressa por meio de gestos e movimentos do corpo, muitas vezes improvisados e não coreografados. Veja a foto reproduzida a seguir.

Mary Wigman em cena do espetáculo *Dança das memórias*, em Dresden, Alemanha, na década de 1930.

## MARIA DUSCHENES

No Brasil, uma das responsáveis pela introdução do método desenvolvido por Laban foi a dançarina, coreógrafa e educadora Maria Duschenes (1922-2014). Nascida na Hungria, Maria Duschenes mudou-se para o Brasil em 1940, fugindo dos horrores da Segunda Guerra Mundial.

Em suas coreografias, influenciada pelos ensinamentos de Laban, ela buscava nos gestos do cotidiano as mais variadas possibilidades de comunicação. Trabalhava com dançarinos profissionais e não profissionais e, entre suas criações coreográficas, destaca-se o espetáculo *Magitex* (1978), retratado abaixo.

Em 1984, Duschenes criou o projeto Dança/Arte do Movimento, que durou dez anos e visava ensinar dança a crianças e professores que frequentavam bibliotecas públicas da cidade de São Paulo. O projeto Dança/Arte do Movimento permitiu que Duschenes levasse suas propostas de dança para espaços não convencionais como igrejas, praças e estacionamentos.

Maria Duschenes. Foto sem data.

Os dançarinos Denilto Gomes, Juliana Carneiro da Cunha e J. C. Violla apresentam o espetáculo *Magitex*, de Maria Duschenes. São Paulo (SP), 1978.

## A DANÇA CORAL

Seguindo uma proposta elaborada por Laban na década de 1920, Maria Duschenes desenvolveu no Brasil a chamada **dança coral**.

Nessa proposta – em que um grande número de pessoas realiza movimentos em conjunto –, os principais objetivos são tornar a dança acessível a todos e promover a celebração do espírito comunitário.

Apresentação da dança coral *Origens II* pelo Grupo Laban Arte/Dança, coreografia de Maria Duschenes. São Paulo (SP), 1991.

## ATIVIDADE PRÁTICA

- Você conheceu Maria Duschenes e seu trabalho com dança coral, uma proposta originalmente desenvolvida por Rudolf Laban. Ao trabalhar com essa proposta, Laban fazia uma partitura de movimentos, semelhante às partituras musicais, e as pessoas dançavam as coreografias registradas dessa maneira. Vamos agora experimentar uma atividade com essa característica.

a) Sob a orientação do professor, formem grupos de cinco integrantes.

b) Criem uma dança para toda a turma realizar ao mesmo tempo. Pensem em movimentos simples, pois o mais importante nessa atividade não é a complexidade dos movimentos, mas a experiência de dançar juntos.

c) Utilizando papel sulfite e caneta, criem um registro para a dança desenvolvida pelo grupo. Esse registro orientará toda a turma no momento da apresentação. Vocês podem escolher, por exemplo, um desenho para representar cada movimento. Façam isso com todos os movimentos e coloquem no papel essas representações lado a lado, como se fosse uma partitura musical.

d) Escolham uma música, de preferência instrumental, para a dança de vocês. Também é possível realizar a dança sem trilha musical.

e) Ao terminar, cada grupo vai apresentar sua partitura para a turma, ensinar os significados dos símbolos e dançar todos juntos a criação de cada grupo.

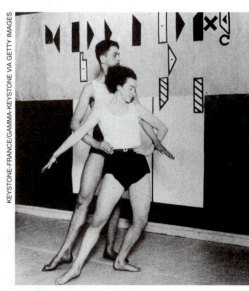

Alunos de Laban em frente de um quadro com notação de movimentos. Berlim, Alemanha, 1950.

# TEMA 3 — DANÇA E RUPTURA

## O TRABALHO DO BALLET STAGIUM

As novas formas de pensar e fazer dança surgidas nos Estados Unidos e na Europa, a partir do século XX, também chegaram ao Brasil.

Uma das primeiras companhias que tiveram esse movimento de ruptura como referência foi o Ballet Stagium. Fundado em 1971 pelos bailarinos e coreógrafos Márika Gidali e Décio Otero, o Stagium foi pioneiro a romper com padrões do balé clássico e propor outras maneiras de se relacionar com a dança.

É importante destacar que essas rupturas não foram apenas no que diz respeito à concepção coreográfica, mas também em relação às temáticas dos trabalhos. Conforme tratado no tema anterior, as guerras mundiais e suas consequências influenciaram a visão de mundo e de arte dos dançarinos que estudamos. Da mesma forma, o Ballet Stagium produziu espetáculos integrados à realidade brasileira, abordando questões políticas e sociais. Em 1977, por exemplo, foi estreado o espetáculo *Kuarup ou a questão do índio*, e em 1984, *Missa dos quilombos*, que aborda a presença africana no Brasil, além de muitos outros.

Márika Gidali e Décio Otero, em São Paulo (SP), 2016.

O Ballet Stagium também foi um dos primeiros grupos de dança brasileiros a utilizar canções da Música Popular Brasileira (MPB) em seus espetáculos. A trilha musical de *Missa dos quilombos*, por exemplo, contava com canções do cantor e compositor Milton Nascimento. Isso também foi uma ruptura radical e muito importante, uma vez que apenas músicas eruditas, tocadas por orquestras, eram consideradas adequadas para a dança, a exemplo do balé.

Apresentação do espetáculo *Missa dos quilombos*, do Ballet Stagium, em 1984.

Os trabalhos do Ballet Stagium tinham também um viés social e pedagógico, em que adaptavam as apresentações de dança para diferentes contextos e espaços, tais como pátios de escolas públicas, favelas, praças, hospitais, igrejas, presídios e estações de metrô. Assim, a dança saiu de dentro dos teatros e foi encontrar o público. Isso possibilitou a muitas pessoas que não tinham condições e acesso à arte e à cultura assistir pela primeira vez a um espetáculo de dança.

Apresentação do Ballet Stagium às margens do Rio São Francisco, em 1974.

### Milton Nascimento e as trilhas para espetáculos de dança

Milton Nascimento é um dos mais reconhecidos músicos brasileiros. Compositor, letrista e cantor, ele se tornou nacionalmente conhecido em 1967, quando a canção "Travessia", composta por ele em parceria com Fernando Brant (1946-2015), conquistou o segundo lugar no Festival Internacional da Canção.

Milton Nascimento já gravou mais de 30 álbuns e teve canções de sua autoria gravadas por grandes nomes da música brasileira como Chico Buarque, Caetano Veloso, Maria Bethânia e Elis Regina (1945-1982).

Canções de Milton Nascimento ao longo de sua carreira fizeram parte de trilhas de espetáculos de dança, como em *Missa dos quilombos*. Em 1976, por exemplo, ele compôs em parceria com Fernando Brant a canção *Maria, Maria*, que fez parte da trilha do espetáculo de mesmo nome montado pelo Grupo Corpo, companhia fundada em 1975, na cidade de Belo Horizonte (MG). Em 2006, canções de Milton Nascimento fizeram parte do espetáculo *Aroeira – com quantos nós se faz uma árvore*, do Viladança, companhia de Salvador (BA).

Milton Nascimento em apresentação na cidade de São Paulo (SP), em 2018.

## KUARUP OU A QUESTÃO DO ÍNDIO

Em 1977, o Ballet Stagium lançou *Kuarup ou a questão do índio*, um dos espetáculos mais importantes do seu repertório. Esse espetáculo ocupa papel de destaque na história da dança no Brasil, pois com ele o grupo reafirmou sua ruptura com o modo de criar do balé clássico e levou para o palco uma proposta de dança que tinha como referência o cotidiano de uma comunidade indígena.

A realização desse espetáculo também foi considerada um marco por conseguir driblar a censura e, em plena ditadura militar, denunciar o genocídio dos povos indígenas que estava ocorrendo no Brasil.

Estreia de *Kuarup ou a questão do índio* em São Paulo, em 1977.

As coreografias foram criadas por Décio Otero, com direção de Márika Gidali. A trilha musical reunia músicas de povos indígenas que vivem no Parque Indígena do Xingu e óperas do músico alemão Christoph Willibald Gluck (1714-1787). Os figurinos do espetáculo foram desenvolvidos pelo estilista Clodovil Hernandes (1937-2009).

Clodovil Hernandes em foto de 2004.

*Christoph Willibald Gluck* (1775), de Joseph Duplessis. Óleo sobre tela, 99,5 × 80,5 cm. Museu de Belas-Artes, Viena, Áustria.

# COMPREENDER UM TEXTO

## Ballet Stagium leva Kuarup de volta ao Teatro Municipal 40 anos depois da estreia

"[Nos] dias 2, 3 e 4 de julho de 1977, *Kuarup* estreava no mesmo Teatro Municipal de São Paulo [...]. Na época, o Ballet Stagium, fundado e dirigido por Márika Gidali e Décio Otero, fez um programa na forma de um jornal, em papel craft, tendo na capa os cinco primeiros parágrafos do Manifesto Antropófago, de Oswald de Andrade, de 1928, e um pequeno texto de Décio Otero [...].

O estilista Clodovil Hernandes (1937-2009), convidado para refazer o figurino de outro balé, *Prelúdios*, ao saber do projeto de *Kuarup*, fez questão de colaborar. [...] também estava interessado na questão dos índios. Os macacões que desenhou, com as cores da bandeira brasileira, propunham uma associação entre trabalhadores e índios, ligando as violências que atingiam a ambos e a força dessa associação, que levou multidões aos teatros, parece atravessar os tempos, atando aquele Brasil que vivia na ditadura ao Brasil de hoje, cujos jornais continuam a estampar, 40 anos depois, violações e ações de extermínio a tribos indígenas na Amazônia e no Jaraguá, em São Paulo, para citar somente dois exemplos muito recentes.

Sobre a remontagem, Márika destaca a experiência de trabalhar com bailarinos muito jovens. 'É bem diferente ensaiar gente com 17 anos, que tem outros valores e vem do mundo dos festivais. Partimos da forma, levamos cada um a se jogar para dentro de si para construir o contexto, para depois, em cena, devolver o

Integrantes do Ballet Stagium em ensaio da remontagem de *Kuarup ou a questão do índio*, 40 anos depois, em São Paulo (SP), em 2017.

que brotou.' E Décio complementa: 'É impressionante como atualmente os bailarinos pegam a coreografia tão facilmente, mas, para chegar à proposta do coreógrafo, ah... isso gasta um tempo bem maior. No caso de *Kuarup*, foi um caminho trabalhoso para perceberem porque se trata de uma obra clássica, digamos assim, da dança brasileira'. [...]"

KATZ, Helena. Ballet Stagium leva *Kuarup* de volta ao Teatro Municipal 40 anos depois da estreia. *O Estado de S. Paulo*. 17 set. 2017. Disponível em: <https://cultura.estadao.com.brv/noticias/teatro-e-danca,ballet-stagium-leva-karup-de-volta-ao-teatro-municipal-40-anos-depois-da-estreia,70002001401>. Acesso em: 7 jun. 2018.

### QUESTÕES

**1.** Em sua opinião, como podemos relacionar *Kuarup ou a questão do índio* com os espetáculos apresentados no Tema 1 (*Rainha*, do grupo Margaridas Dança, e *Pai contra mãe*, da Cia. Fusion de Danças Urbanas)?

**2.** Se você fosse criar um espetáculo de dança, qual ou quais questões sociais escolheria para trabalhar? Por quê?

## A DANÇA-TEATRO

Vimos que a liberdade expressiva observada no trabalho do Ballet Stagium e de outras companhias de dança contemporânea resulta de uma série de propostas desenvolvidas por dançarinos e coreógrafos que, a partir do século XX, passaram a questionar os rígidos padrões estéticos do balé clássico.

Uma dessas propostas foi a **dança-teatro**, que teve início na Alemanha no final da década de 1920 com o nome de *Tanztheater*. Originária das pesquisas realizadas por Rudolf Laban (que conhecemos no Tema anterior) e por seus alunos e colaboradores Kurt Jooss (1901-1979) e Mary Wigman (também mencionada no Tema anterior), a dança-teatro, como o nome anuncia, reúne elementos da dança e do teatro.

Na dança-teatro não há somente a preocupação com as formas e com a visualidade dos movimentos, mas com a narrativa, mesmo que esta não seja linear. A dança-teatro ganhou notoriedade com o trabalho da dançarina e coreógrafa alemã Pina Bausch (1940-2009). Relacionadas com o cotidiano e com as emoções humanas, as produções de Pina Bausch propiciam que a plateia se identifique e até se reconheça nas cenas. Isso porque, em suas criações, a coreógrafa buscava trabalhar a universalidade das relações e emoções humanas.

Elementos do cotidiano e da natureza eram bastante presentes nas obras de Pina Bausch. Na foto desta página, por exemplo, vemos uma cena de *Vollmond*, espetáculo que tem a água como principal elemento cênico.

Cena do espetáculo *Vollmond*, de Pina Bausch, apresentado pelo grupo Tanztheater Wuppertal, em Londres, Reino Unido, em 2013.

## O TRABALHO DE PINA BAUSCH

O trabalho de Pina Bausch foi marcado pela forma como ela dirigia o processo criativo de suas coreografias.

Partindo de um tema, ela fazia solicitações ou lançava perguntas, que deviam ser respondidas em forma de danças pelos dançarinos. Ela pedia a um dançarino, por exemplo: "Faça uma coisa que o deixa envergonhado". Podia também perguntar a um dançarino: "Como você se comporta quando perde algo?". Para responder a essas perguntas, os dançarinos precisavam refletir sobre suas experiências, seus sonhos e seus medos e transformá-los em movimento. Com base nas respostas corporais e verbais apresentadas, Pina Bausch criava suas coreografias.

Pina Bausch em foto de 2008.

É muito importante destacar que essa criação compartilhada é também decorrente do movimento de ruptura na dança. No balé clássico, os bailarinos apenas executavam as coreografias e ideias do coreógrafo ou diretor. Nesse processo de Pina Bausch, a criação é conjunta. A diretora lança perguntas e provocações e os dançarinos improvisam e criam suas coreografias com base nessas propostas. A função da coreógrafa e diretora é organizar esse material cênico elaborado pelos dançarinos num processo de criação que será mais tarde chamado de **processo colaborativo**.

A foto reproduzida a seguir mostra uma cena do espetáculo *Cravos*, apresentado pelo Tanztheater Wuppertal, companhia dirigida por Pina Bausch de 1973 até sua morte, em 2009.

Cena do espetáculo *Cravos*, de Pina Bausch, apresentado pelo grupo Tanztheater Wuppertal em Hamburgo, Alemanha, 2000.

# ATITUDES PARA A VIDA

## Dançar o que não se pode dizer

Pina Bausch teve seu trabalho amplamente reconhecido durante sua carreira. Uma das formas de reconhecimento do seu trabalho foi o recebimento, em 1999, do título de doutora honoris causa na Universidade de Bolonha, na Itália. No dia em que recebeu esse título, a coreógrafa proferiu um discurso sobre a forma como desenvolve seu trabalho.

Um dos assuntos centrais foi a prática de fazer perguntas aos dançarinos para orientar a criação de seus movimentos. Nos trechos do texto que você vai ler a seguir, a coreógrafa fala sobre o objetivo do uso desse método, que é justamente o de conduzir o dançarino a uma maior disposição para unir técnica e inspiração artística.

**Honoris causa:** literalmente, "por causa de honra", em latim. A expressão se refere a títulos conferidos em decorrência de notório conhecimento de uma pessoa em determinada área, sem que ela tenha de cumprir os cursos convencionais de pós-graduação.

Cena da coreografia *A sagração da primavera*, de Pina Bausch, apresentada pelo Tanztheater Wuppertal, em Londres, Reino Unido, 2008.

## Dance, senão estamos perdidos

"[...] A dança deve ter outra razão além de simples técnica e perícia. A técnica é importante, mas é só um fundamento. Certas coisas se podem dizer com palavras, e outras, com movimentos. Há instantes, porém, em que perdemos totalmente a fala, em que ficamos totalmente pasmos e perplexos, sem saber para onde ir. É aí que tem início a dança, e por razões inteiramente outras, não por razões de vaidade.

[...] As perguntas existem para abordar um tema com toda a cautela. Esse é um método bem aberto e, no entanto, preciso. Pois sempre sei exatamente o que procuro, mas sei com meu sentimento, não com minha cabeça. Por isso nunca se pode perguntar de maneira muito direta. Seria grosseiro demais, e as respostas, demasiado banais. Sei o que procuro, mas não consigo explicá-lo. Antes, é como se fosse preciso pôr-se em paz com as palavras e, com muita calma, deixá-las vir à tona. [...]

Às vezes só podemos esclarecer algo encarando o que não sabemos. E às vezes as perguntas que fazemos levam a coisas muito mais antigas, que não procedem só de nossa cultura nem só tratam do aqui e agora. É como se recuperássemos um saber que sempre tivemos, mas que nem sempre é consciente e presente. Que nos lembra de algo que nos é comum a todos. E que nos dá também grande força e esperança."

BAUSCH, Pina. Dance, senão estamos perdidos. *Folha de S.Paulo*, Mais!, 27 ago. 2000. Disponível em: <www1.folha.uol.com.br/fsp/mais/fs2708200008.htm>. Acesso em: 11 set. 2018.

> **QUESTÕES**

1. A ideia de inspiração é bastante discutida: há quem defenda que a ação do artista é baseada em técnicas que podem ser ensinadas e reproduzidas, e há quem afirme que, sem inspiração, a obra de arte não chega a se concretizar. Essa inspiração pode vir de diferentes fontes, desde o sentimento de beleza e harmonia até a percepção de algo terrível. Em grupo, discutam como vocês definiriam a visão de Pina Bausch em relação a esse debate, com base no primeiro parágrafo do discurso da coreógrafa.

2. Alguns artistas criam metodologias próprias na criação de suas obras. Para que servem as perguntas que Pina Bausch propõe para seus dançarinos?

3. Você já conheceu as atitudes para a vida de **esforçar-se por exatidão e precisão** e **pensar com flexibilidade**. De que forma essas atitudes têm de ser usadas por alguém que use o método das perguntas para criar coreografias?

## ATIVIDADE PRÁTICA

- Neste Tema você estudou a dança-teatro de Pina Bausch e conheceu um pouco do seu processo de criação. Agora vamos experimentar criar uma dança tendo como referência o processo criativo dessa importante coreógrafa.

    a) Sob a orientação do professor, organizem-se em duplas.

    b) Decidam quem será o dançarino e quem será o coreógrafo. A ideia é que o dançarino participe da criação da dança, ou seja, atue como intérprete-criador.

    c) O coreógrafo deve escolher uma pergunta que sirva de estímulo para ser respondida em forma de movimento pelo dançarino. Essa pergunta deve ter relação com sentimentos e emoções humanas. Por exemplo: "Do que você tem medo?", "Do que você sente saudade?", "Quais sabores o fazem se lembrar de sua infância?".

    d) O dançarino deve responder em forma de dança, por meio de movimentos livres, que devem ser abstratos. Evite fazer mímicas.

    e) O dançarino deve criar sua dança. Enquanto isso, o coreógrafo deve observá-lo.

    f) O coreógrafo vai ajudar o dançarino a organizar a sequência dos movimentos, criando, assim, a coreografia. Decidam juntos quais movimentos são mais interessantes e devem ser mantidos, e quais poderão ser descartados. Escolham juntos como começa e como termina a coreografia, se haverá música, qual música, se haverá figurino, entre outros.

    g) O dançarino vai ensaiar a coreografia por dez minutos. Após esse período, deve apresentá-la para o colega coreógrafo.

    h) Quando terminarem essa etapa, invertam os papéis. Quem foi dançarino agora será coreógrafo, e vice-versa.

    i) Depois que todos tiverem se apresentado, formem uma roda para conversar sobre como foi a experiência de realizar esta atividade.

# TEMA 4
## A DANÇA COMO MANIFESTO

### TERRA

Observe a foto reproduzida ao lado. Ela mostra uma cena do espetáculo *Terra*, criado pelo Grupo Grial de Dança, em 2013. Depois, responda às questões propostas.

A dançarina Maria Paula Costa Rêgo em apresentação do espetáculo *Terra*, do Grupo Grial de Dança, em Belo Horizonte (MG), em 2013.

## ATIVIDADES

1. Como é o figurino da dançarina e que ações corporais ela está realizando?

2. Quais são os elementos cenográficos mostrados na foto?

3. Como o figurino e o cenário se relacionam?

4. Como esse espetáculo dialoga com as propostas de Pina Bausch apresentadas no Tema anterior?

## O ARTISTA E SUA OBRA

### Grupo Grial de Dança

Você se lembra de que na Unidade 2 foram apresentados aspectos da obra do dramaturgo Ariano Suassuna? Nessa mesma Unidade, vimos também que ele foi o responsável pela criação, em 1970, do Movimento Armorial.

O Grupo Grial de Dança surgiu no Recife (PE), em 1997, a partir da iniciativa de Suassuna e da coreógrafa e dançarina Maria Paula Costa Rêgo. O desejo de ambos era aprofundar as pesquisas sobre **dança armorial**, cujo objetivo é unir elementos de manifestações populares e da dança contemporânea.

Ao longo de mais de vinte anos de atuação, o Grupo Grial de Dança tem promovido o diálogo entre as heranças europeia, indígena e africana em um modo contemporâneo de fazer e propor arte. Maria Paula da Costa Rêgo tem sua base de trabalho na dança contemporânea, sem deixar, no entanto, de dialogar com as tradições populares do Brasil. Além dos dançarinos da dança contemporânea, o grupo conta com a participação de integrantes de danças populares.

Maria Paula e Ariano Suassuna, em Recife (PE), em 2009.

Maria Paula orienta um grupo de dançarinos. Recife (PE), 2007.

### PARA ASSISTIR

- **Terra, do Grupo Grial.** Disponível em: <https://www.youtube.com/watch?v=wRsf783yltc>. Acesso em: 23 ago. 2018.

  Esse vídeo apresenta trechos de algumas cenas do espetáculo *Terra*, do Grupo Grial de Dança.

## A PROPOSTA DO ESPETÁCULO

Assim como *Kuarup ou a questão do índio*, que conhecemos no Tema anterior, o espetáculo *Terra* propõe uma reflexão sobre questões relacionadas aos povos indígenas. O principal aspecto abordado no espetáculo é a luta desses povos pelo reconhecimento do direito que eles têm de viver nas terras tradicionalmente ocupadas por eles.

No espetáculo *Terra*, quem dança é a própria coreógrafa e diretora do espetáculo, Maria Paula Costa Rêgo. Isso traz características bem peculiares ao espetáculo, pois a intérprete é também a criadora das cenas – ou seja, ela é uma **intérprete-criadora**. Além da criação dos movimentos, Maria Paula fez a pesquisa sobre povos indígenas e a concepção do espetáculo. A proposta de intérpretes que também são criadores de suas coreografias surgiu e se afirmou com base no trabalho de dançarinos como Isadora Duncan, Loie Fuller e Mary Wigman, que conhecemos no Tema 2.

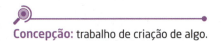

**Concepção:** trabalho de criação de algo.

A dançarina Maria Paula Costa Rêgo em apresentação do espetáculo *Terra*, do Grupo Grial de Dança, em Belo Horizonte (MG), em 2013.

## ATIVIDADES

1. Dançar aquilo que criamos é bem diferente do que dançar algo que foi criado por outra pessoa, pois promove um tipo diferente de engajamento corporal e de relação com a dança. Pense em danças que você dança ou já dançou que são coreografadas por outras pessoas. Depois pense em danças que você inventa para dançar. Qual é a diferença entre elas?

2. Procure no dicionário ou na internet o significado da palavra *manifesto*. Você diria que o espetáculo *Terra* poderia ser considerado um manifesto do Grupo Grial de Dança? Por quê?

## A VISUALIDADE

Os elementos visuais foram essenciais para o desenvolvimento do espetáculo *Terra*. Esses elementos compõem o corpo em movimento, o tomam como referência e dialogam com ele. A areia, por exemplo, além de lembrar a terra, ao longo do espetáculo vai sumindo de cena, numa alusão à perda das terras dos povos indígenas. A areia também é um elemento que permite manipulação por parte da dançarina. Essa interação cria imagens e movimentos fundamentais para a composição da cena de dança.

A iluminação também é um recurso visual que permite à dança tomar outras formas, contornos e brilhos. A escolha da cor, da direção, da intensidade e dos desenhos da luz em cena trazem para a dança outras características. A iluminação faz parte da dança tanto quanto o movimento – mesmo que essa iluminação seja somente a luz natural do sol. Imagine, por exemplo, o mesmo espetáculo de dança à luz do sol, à luz da lua (à noite) ou com iluminação do teatro. Seriam três espetáculos muito diferentes. Veja as imagens reproduzidas nesta página.

A dançarina Maria Paula Costa Rêgo em dois momentos do espetáculo *Terra*, do Grupo Grial de Dança, em Belo Horizonte (MG), em 2013.

## OUTRAS EXPERIÊNCIAS

### "Demarcação já"

Em 2017, um grupo de artistas brasileiros se reuniu para gravar uma canção de protesto que aborda a demarcação das terras indígenas no Brasil. A canção "Demarcação já" tem letra de Carlos Rennó e música de Chico César e trata da urgência da demarcação das terras indígenas no país. Essa canção foi gravada por um grupo de artistas que registraram também um videoclipe que, lançado na internet, alcançou milhares de visualizações. Leia, a seguir, um trecho da letra dessa canção e ouça uma gravação na faixa 19 do CD.

**Demarcação:** determinação de fronteiras ou limites de espaço.

Fotograma do videoclipe *Demarcação já* com as cantoras e compositoras Djuena Tikuna e Marlui Miranda.

### Demarcação já

"Já que depois de mais de cinco séculos
E de ene ciclos de etnogenocídio,
O índio vive, em meio a mil flagelos,
Já tendo sido morto e renascido,

Tal como o povo Kadiwéu e o Panará –

Demarcação já!
Demarcação já!

Já que diversos povos vêm sendo atacados,
Sem vir a ver a terra demarcada,
A começar pela primeira no Brasil
Que o branco invadiu já na chegada:

A do Tupinambá –

Demarcação já!
Demarcação já!

[...]

Pra que não deixem nem terras indígenas
Nem unidades de conservação
Abertas como chagas cancerígenas
Pelos efeitos da mineração

E de hidrelétricas no ventre da Amazônia, em
[Rondônia, no Pará...

Demarcação já!
Demarcação já!

[...]

Por nós não vermos como natural
A sua morte sociocultural;
Em outros termos, por nos condoermos –
E termos como belo e absoluto

Seu contributo do tupi ao tucupi, do guarani ao
[guaraná.

Demarcação já!
Demarcação já!

Pois Guaranis e Makuxis e Pataxós
Estão em nós, e somos nós, pois índio é nós;
É quem dentro de nós a gente traz, aliás,
De Kaiapós e Kaiowás somos xarás,

Xará.

Demarcação já!
Demarcação já!

Pra não perdermos com quem aprender
A comover-nos ao olhar e ver
As árvores, os pássaros e rios,
A chuva, a rocha, a noite, o sol, a arara

E a flor de maracujá,

Demarcação já!
Demarcação já!

Pelo respeito e pelo direito
À diferença e à diversidade
De cada etnia, cada minoria,
De cada espécie da comunidade

De seres vivos que na Terra ainda há,

Demarcação já!
Demarcação já!

Por um mundo melhor ou, pelo menos,
Algum mundo por vir; por um futuro
Melhor ou, oxalá, algum futuro;
Por eles e por nós, por todo mundo,

Que nessa barca junto todo mundo 'tá',

Demarcação já!
Demarcação já!

[...]

Pra que nas terras finalmente demarcadas,
Ou autodemarcadas pelos índios,
Nem madeireiros, garimpeiros, fazendeiros,
Mandantes nem capangas nem jagunços,

Milícias nem polícias os afrontem.

Vrá!

Demarcação ontem!
Demarcação já!

E deixa o índio, deixa o índio, deixa os índios lá."

RENNÓ, Carlos; César, Chico. *Demarcação já*. Disponível em: <http://carlosrenno.com/cancoes/gravadas/demarcacao-ja/>. Acesso em: 22 jun. 2018.

## Os povos indígenas e a terra

Embora tenham culturas distintas, os povos indígenas em geral apresentam semelhanças quanto ao modo de vida, principalmente a maneira de se relacionar com a terra. Eles consideram a terra um importante meio de subsistência, pois dela extraem os alimentos necessários para a sobrevivência da comunidade. Além de meio de subsistência, a terra exerce papel sociocultural nas comunidades indígenas.

Durante os anos de colonização, os povos indígenas foram obrigados a abandonar seus locais de origem e desde esse período eles lutam pelas terras que originalmente ocupavam. Essa luta ganhou força somente na segunda metade do século XX. Atualmente, a questão da demarcação das terras indígenas ainda causa graves conflitos.

Manifestação em defesa da demarcação das terras indígenas, em Brasília (DF), em 2013.

- Além dos povos indígenas, você conhece outros grupos sociais que atualmente reivindicam a posse de terras? Se conhece, dê exemplos.

## UMA TRILOGIA

**Trilogia** é o nome dado ao grupo de três obras que se conectam por temáticas comuns.

O espetáculo *Terra* faz parte de uma **trilogia** chamada *Uma história, duas ou três*. Os outros espetáculos que fazem parte dessa trilogia são *A barca* e *Travessia*.

### A BARCA

O primeiro espetáculo da trilogia foi *A barca*, no qual Maria Paula Costa Rêgo resgata o cavalo-marinho, um festejo tradicional do estado de Pernambuco, que reúne elementos do teatro, da dança e da música. Em 2014, o Instituto do Patrimônio Histórico e Artístico Nacional (Iphan) reconheceu essa manifestação como bem do patrimônio imaterial brasileiro. O espetáculo *A barca* acontece na rua e conta com a participação de dançarinos e de brincantes do cavalo-marinho.

As fotos reproduzidas nesta página mostram cenas desse espetáculo.

Apresentação do espetáculo *A barca*, do Grupo Grial de Dança, em Recife (PE), em 2012.

Apresentação do espetáculo *A barca*, do Grupo Grial de Dança, em Recife (PE), em 2011.

### TRAVESSIA

Em *Travessia*, o segundo trabalho dessa trilogia, a coreógrafa Maria Paula Costa Rêgo aborda o universo da contação de histórias, criando elos entre histórias do passado e histórias do presente. *Terra* é o terceiro espetáculo dessa trilogia.

Apresentação do espetáculo *Travessia*, do Grupo Grial de Dança, em Recife (PE), 2010.

-  O espetáculo *Terra* pode ser considerado uma dança-manifesto, pois a artista aborda uma temática social em forma de denúncia através da dança, chamando a atenção para o tema da demarcação de terra com a intenção de que os espectadores reflitam sobre essa realidade. Vamos fazer isso também?

    **a)** Sob a orientação do professor, forme um grupo com mais quatro colegas.

    **b)** Conversem sobre o que cada um compreendeu do conceito de dança-manifesto.

    **c)** Pensem juntos sobre a escola de vocês. Quais situações vocês acham que poderiam virar um tema para a criação da dança-manifesto?

    **d)** Decidam se haverá música ou não. Se houver, escolham a trilha sonora. Assim como o espetáculo *Terra* utiliza o elemento areia, vocês podem escolher elementos cênicos que os auxiliem na criação da coreografia.

    **e)** Após realizar todas essas escolhas, criem a dança de vocês, relacionando todos os elementos (tema, música, elementos cênicos) com os movimentos corporais para a criação da dança-manifesto.

    **f)** Com as orientações do professor, organizem-se para apresentar sua dança-manifesto e para assistir à apresentação dos demais grupos.

    **g)** Para finalizar, conversem sobre como foi fazer esse exercício.

## ORGANIZAR O CONHECIMENTO

1. Identifique cada afirmativa como verdadeira (V) ou falsa (F).

   (   ) Carolina Maria de Jesus trabalhou como empregada doméstica e catadora de materiais recicláveis. Ela estudou pouco, mas tinha muito talento para escrever. Os textos de seu diário, onde anotava acontecimentos de seu dia a dia, foram transformados no livro *Quarto de despejo*, que ficou conhecido no mundo todo e foi adaptado para o teatro, o cinema e uma série de televisão.
   Se você errou essa resposta, retome a leitura do boxe "Carolina Maria de Jesus".

   (   ) O *break* foi o estilo de dança com o qual os precursores da dança moderna romperam diretamente, criando e propondo novas formas de dançar e organizar o corpo e seus movimentos.
   Se você errou essa resposta, retome a leitura do tópico "A dança moderna".

   (   ) A dança é sempre criada com base em uma música, respeitando seu ritmo, tempo e temática, principalmente na dança contemporânea, em que dança e música estão bastante relacionadas.
   Se você errou essa resposta, retome a leitura do tópico "Trilha sonora".

   (   ) O espetáculo de dança *Rainha*, apresentado em 2007 pelo grupo Margaridas Dança, tem como tema a condição das mulheres negras na atualidade, especialmente em questões como a marginalização social, o preconceito racial e o machismo.
   Se você errou essa resposta, retome a leitura do tópico "O espetáculo *Rainha*".

2. Complete as afirmações a seguir.

   a) O espetáculo *Pai contra mãe*, desenvolvido pela _____, teve como referência um conto escrito por _____ poucos anos após a abolição da escravidão. No conto, o autor critica o sistema escravocrata e a violência com que os negros escravizados eram tratados.
   Se você errou essa resposta, retome a leitura do tópico "O espetáculo *Pai contra mãe*".

   b) A sapatilha de ponta surgiu no período do _____. As bailarinas representavam personagens de mulheres que eram consideradas seres puros e inalcançáveis, e por esse motivo, ao dançar, tinham um contato mínimo com a terra, como se estivessem voando.
   Se você errou essa resposta, retome a leitura do tópico "A dança moderna".

   c) Isadora Duncan criava as próprias coreografias, com movimentos livres e sem a simetria rígida do balé. Uma das transformações mais marcantes que realizou foi a de dançar _____, buscando uma relação direta com a terra e com a realidade.
   Se você errou essa resposta, retome a leitura do tópico "Isadora Duncan".

   d) Canções de Milton Nascimento fizeram parte de trilhas de vários espetáculos de dança. Em 1976, ele compôs em parceria com Fernando Brant a canção _____, que fez parte da trilha do espetáculo de mesmo nome montado pelo Grupo Corpo.
   Se você errou essa resposta, retome a leitura do boxe "Milton Nascimento e as trilhas para espetáculos de dança".

   e) Foi com o trabalho da dançarina e coreógrafa _____ que a dança-teatro ganhou notoriedade. Esse estilo de dança-teatro reúne elementos da dança e do teatro e nele não existe apenas a preocupação com as formas e com a visualidade dos movimentos, mas com a narrativa, mesmo que esta não seja linear.
   Se você errou essa resposta, retome a leitura do tópico "A dança-teatro".

# BIBLIOGRAFIA

ARGAN, Giulio Carlo. *Arte moderna*. Tradução Denise Bottmann e Federico Carotti. São Paulo: Companhia das Letras, 1992.

BARBOSA, Ana Mae. *Redesenhando o desenho*: educadores, política e história. São Paulo: Cortez, 2015.

BARBOSA, Ana Mae; CUNHA, Fernanda (Org.). *Abordagem triangular no ensino das artes e culturas visuais*. São Paulo: Cortez, 2010.

BERTHOLD, Margot. *História mundial do teatro*. Tradução Maria Paula V. Zurawski, J. Guinsburg, Sérgio Coelho e Clóvis Garcia. 6. ed. São Paulo: Perspectiva, 2014.

BOURCIER, Paul. *História da dança no Ocidente*. Tradução Marina Appenzeller. 2. ed. São Paulo: Martins Fontes, 2001.

BRASIL. Ministério da Educação. *Base Nacional Comum Curricular*. Brasília: MEC, 2017.

BRASIL. Secretaria de Educação Fundamental. *Parâmetros Curriculares Nacionais*: arte. Brasília: MEC/SEF, 1998.

BRITO, Teca Alencar de. *Koellreutter educador*: o humano como objetivo da educação musical. 2. ed. São Paulo: Peirópolis, 2011.

CASCUDO, Luiz da Câmara. *Dicionário do folclore brasileiro*. 9. ed. São Paulo: Global, 2000.

CAUQUELIN, Anne. *Arte contemporânea*: uma introdução. Tradução Rejane Janowitzer. São Paulo: Martins, 2005. (Coleção Todas as artes)

COSTA, Cristina. *Questões de arte*: o belo, a percepção estética e o fazer artístico. 2. ed. reform. São Paulo: Moderna, 2004.

CUNHA, Fernanda. *Cultura digital na e-arte-educação*: educação digital crítica. Tese (doutorado). Escola de Comunicações e Artes da Universidade de São Paulo, 2008.

CUNHA, Newton. *Dicionário Sesc*: a linguagem da cultura. São Paulo: Sesc São Paulo/Perspectiva, 2003.

DECKERT, Marta. *Educação musical*: da teoria à prática na sala de aula. São Paulo: Moderna, 2012.

DONDIS, Donis A. *Sintaxe da linguagem visual*. Tradução Jefferson Luiz Camargo. 3. ed. São Paulo: Martins Fontes – Selo Martins, 2015.

FARIA, João Roberto; GUINSBURG, Jacó; LIMA, Mariangela Alves de (Org.). *Dicionário do teatro brasileiro*. São Paulo: Perspectiva, 2009.

FARIAS, Agnaldo. *Arte brasileira hoje*. São Paulo: Publifolha, 2002. (Coleção Folha explica)

FONTERRADA, Marisa Trench de Oliveira. *De tramas e fios*: um ensaio sobre música e educação. 2. ed. São Paulo: Editora Unesp; Rio de Janeiro: Funarte, 2008.

GOMBRICH, E. H. *A história da arte*. Tradução Cristiana de Assis Serra. Rio de Janeiro: LTC, 2013.

GUINSBURG, J.; BARBOSA, Ana Mae. *O pós-modernismo*. São Paulo: Perspectiva, 2005.

ISAACS, Alan; MARTIN, Elizabeth (Org.). *Dicionário de música*. Tradução Álvaro Cabral. Rio de Janeiro: Zahar, 1985.

KOUDELA, Ingrid Dormien. *Jogos teatrais*. 7. ed. São Paulo: Perspectiva, 2011. (Debates Teatro)

KRIEGER, Elisabeth. *Descobrindo a música*: ideias para a sala de aula. 3. ed. Porto Alegre: Sulina, 2012.

LABAN, Rudolf. *Dança educativa moderna*. Tradução Maria da Conceição Parayba Campos. São Paulo: Ícone, 1990.

_____. *Domínio do movimento*. Ed. organizada por Lisa Ullmann. Tradução Anna Maria Barros De Vecchi e Maria Sílvia Mourão Netto. São Paulo: Summus, 1978.

MARIANI, Silvana. *Émile Jaques-Dalcroze – A música e o movimento*. In: MATEIRO, Teresa; ILARI, Beatriz (Org.). *Pedagogias em educação musical*. Curitiba: IBPEX, 2011.

MARQUES, Isabel A. *Dançando na escola*. 6. ed. São Paulo: Cortez, 2012.

_____. *Ensino de dança hoje*: textos e contextos. 6. ed. São Paulo: Cortez, 2011.

_____. *Linguagem da dança*: arte e ensino. São Paulo: Digitexto, 2010.

OSTROWER, Fayga. *Universos da arte*. 24. ed. Rio de Janeiro: Elsevier; Campus, 2004.

PAVIS, Patrice. *Dicionário de teatro*. Tradução J. Guinsburg e Maria Lúcia Pereira (Dir.). 3. ed. São Paulo: Perspectiva, 2011.

PENNA, Maura. *Música(s) e seu ensino*. Porto Alegre: Sulina, 2015.

RAMALDES, Karine; CAMARGO, Robson Corrêa de. *Os jogos teatrais de Viola Spolin*: uma pedagogia da experiência. Goiânia: Kelps, 2017.

READ, Herbert. *O sentido da arte*. São Paulo: Ibrasa, 1987.

SADIE, Stanley (Ed.). *Dicionário Grove de música*. Tradução Eduardo Francisco Alves. Rio de Janeiro: Jorge Zahar, 1994.

SOUZA, Marina de Mello e. *África e Brasil africano*. São Paulo: Ática, 2006.

SPOLIN, Viola. *Jogos teatrais*: o fichário de Viola Spolin. Tradução Ingrid Dormien Koudela. 3. ed. São Paulo: Perspectiva, 2014.

_____. *Jogos teatrais para a sala de aula*: um manual para o professor. Tradução Ingrid Dormien Koudela. São Paulo: Perspectiva, 2007.

TATIT, Ana; MACHADO, Maria Silvia M. *300 propostas de artes visuais*. 3. ed. São Paulo: Loyola, 2003.

TINHORÃO, José Ramos. *Pequena história da música popular*: da modinha à lambada. 6. ed. rev. aum. São Paulo: Art, 1991.

# GUIA DO CD

**Faixa 01:** Trecho da abertura da ópera *O escravo*, de Carlos Gomes, página 90
(Produção musical e arranjos: Marcelo Pacheco)

**Faixa 02:** Trecho da abertura da ópera *O guarani*, de Carlos Gomes, página 92
(Acervo Antônio Carlos Gomes/Centro de Ciências, Letras e Artes – Campinas, SP)

**Faixa 03:** Trecho da ópera *Carmen*, de Georges Bizet, página 97
(Kevin MacLeod/Arquivo Free Music)

**Faixa 04:** Som do violino, do oboé, da trompa e do gongo, página 99
(Produção musical e arranjos: Marcelo Pacheco)

**Faixa 05:** Trecho do concerto nº 2, "Verão", de Antonio Vivaldi, página 101
(Produção musical e arranjos: Marcelo Pacheco)

**Faixa 06:** *A primeira vista*, de Luca Alves, com a Cabareto Early Jazz Band, página 101
(Cabareto Early Jazz Band)

**Faixa 07:** Trecho de "Uirapuru", de Heitor Villa-Lobos, página 103
(Produção musical e arranjos: Marcelo Pacheco)

**Faixa 08:** Trecho de "Choros nº 5 – Alma brasileira", de Heitor Villa-Lobos, página 104
(Produção musical e arranjos: Marcelo Pacheco)

**Faixa 09:** Trecho da cantata *BWV 156*, de Johann Sebastian Bach, página 106
(Produção musical e arranjos: Marcelo Pacheco)

**Faixa 10:** Som do cravo e do piano, página 106
(Produção musical e arranjos: Marcelo Pacheco)

**Faixa 11:** "Céu de Santo Amaro", de Flávio Venturini, página 107
(Produção musical, arranjos e voz: Marcelo Pacheco)

**Faixa 12:** Trecho da Suíte orquestral nº 2 BWV 1067, de Johann Sebastian Bach, página 109
(Produção musical e arranjos: Marcelo Pacheco)

**Faixa 13:** Trecho da Suíte nº 1 BWV 1007, de Johann Sebastian Bach, página 109
(Produção musical e arranjos: Marcelo Pacheco)

**Faixa 14:** "Aquarela do Brasil", de Ary Barroso, páginas 110/111
(Produção musical e arranjos: Marcelo Pacheco/ Voz: Marcelo Pacheco, Tarsila Amorim, Thais Helena)

**Faixa 15:** Trecho da radionovela *O amor é mágico*, de autoria de Cláudio Monteiro, página 113
(Produção: Cláudio Monteiro)

**Faixa 16:** "Marinheiro só", com Edith do Prato, página 116/119
(Edith do Prato)

**Faixa 17:** "Jura", de Sinhô, página 119
(Produção musical, arranjos e voz: Marcelo Pacheco)

**Faixa 18:** Os instrumentos da bateria de uma escola de samba, página 124
(Produção musical e arranjos: Marcelo Pacheco)

**Faixa 19:** "Demarcação já", de Carlos Rennó e Chico César, página 162
(Produção musical e arranjos: Marcelo Pacheco/ Voz: Carolina de Moraes Rego, Marcelo Pacheco, Naine Reis, Tess Amorim Coelho)

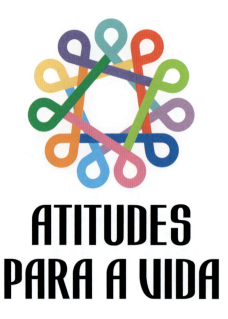

# ATITUDES PARA A VIDA

As *Atitudes para a vida* são comportamentos que nos ajudam a resolver as tarefas que surgem todos os dias, desde as mais simples até as mais desafiadoras. São comportamentos de pessoas capazes de resolver problemas, de tomar decisões conscientes, de fazer as perguntas certas, de se relacionar bem com os outros e de pensar de forma criativa e inovadora.

As atividades que apresentamos a seguir vão ajudá-lo a estudar os conteúdos e a resolver as atividades deste livro, incluindo as que parecem difíceis demais em um primeiro momento.

Toda tarefa pode ser uma grande aventura!

## PERSISTIR

Muitas pessoas confundem persistência com insistência, que significa ficar tentando e tentando e tentando, sem desistir. Mas persistência não é isso! Persistir significa buscar estratégias diferentes para conquistar um objetivo.

Antes de desistir por achar que não consegue completar uma tarefa, que tal tentar outra alternativa?

Algumas pessoas acham que atletas, estudantes e profissionais bem-sucedidos nasceram com um talento natural ou com a habilidade necessária para vencer. Ora, ninguém nasce um craque no futebol ou fazendo cálculos ou sabendo tomar todas as decisões certas. O sucesso muitas vezes só vem depois de muitos erros e muitas derrotas. A maioria dos casos de sucesso é resultado de foco e esforço.

Se uma forma não funcionar, busque outro caminho. Você vai perceber que desenvolver estratégias diferentes para resolver um desafio vai ajudá-lo a atingir os seus objetivos.

## CONTROLAR A IMPULSIVIDADE

Quando nos fazem uma pergunta ou colocam um problema para resolver, é comum darmos a primeira resposta que vem à cabeça. Comum, mas imprudente.

Para diminuir a chance de erros e de frustrações, antes de agir devemos considerar as alternativas e as consequências das diferentes formas de chegar à resposta. Devemos coletar informações, refletir sobre a resposta que queremos dar, entender bem as indicações de uma atividade e ouvir pontos de vista diferentes dos nossos.

Essas atitudes também nos ajudarão a controlar aquele impulso de desistir ou de fazer qualquer outra coisa para não termos que resolver o problema naquele momento. Controlar a impulsividade nos permite formar uma ideia do todo antes de começar, diminuindo os resultados inesperados ao longo do caminho.

Atitudes para a vida | III

## ESCUTAR OS OUTROS COM ATENÇÃO E EMPATIA

Você já percebeu o quanto pode aprender quando presta atenção ao que uma pessoa diz? Às vezes recebemos importantes dicas para resolver alguma questão. Outras vezes, temos grandes ideias quando ouvimos alguém ou notamos uma atitude ou um aspecto do seu comportamento que não teríamos percebido se não estivéssemos atentos.

Escutar os outros com atenção significa manter-nos atentos ao que a pessoa está falando, sem estar apenas esperando que pare de falar para que possamos dar a nossa opinião. E empatia significa perceber o outro, colocar-nos no seu lugar, procurando entender de verdade o que está sentindo ou por que pensa de determinada maneira.

Podemos aprender muito quando realmente escutamos uma pessoa. Além do mais, para nos relacionar bem com os outros — e sabemos o quanto isso é importante —, precisamos prestar atenção aos seus sentimentos e às suas opiniões, como gostamos que façam conosco.

## PENSAR COM FLEXIBILIDADE

Você conhece alguém que tem dificuldade de considerar diferentes pontos de vista? Ou alguém que acha que a própria forma de pensar é a melhor ou a única que existe? Essas pessoas têm dificuldade de pensar de maneira flexível, de se adaptar a novas situações e de aprender com os outros.

Quanto maior for a sua capacidade de ajustar o seu pensamento e mudar de opinião à medida que recebe uma nova informação, mais facilidade você terá para lidar com situações inesperadas ou problemas que poderiam ser, de outra forma, difíceis de resolver.

Pensadores flexíveis têm a capacidade de enxergar o todo, ou seja, têm uma visão ampla da situação e, por isso, não precisam ter todas as informações para entender ou solucionar uma questão. Pessoas que pensam com flexibilidade conhecem muitas formas diferentes de resolver problemas.

 Atitudes para a vida

## ESFORÇAR-SE POR EXATIDÃO E PRECISÃO

Para que o nosso trabalho seja respeitado, é importante demonstrar compromisso com a qualidade do que fazemos. Isso significa conhecer os pontos que devemos seguir, coletar os dados necessários para oferecer a informação correta, revisar o que fazemos e cuidar da aparência do que apresentamos.

Não basta responder corretamente; é preciso comunicar essa resposta de forma que quem vai receber e até avaliar o nosso trabalho não apenas seja capaz de entendê-lo, mas também que se sinta interessado em saber o que temos a dizer.

Quanto mais estudamos um tema e nos dedicamos a superar as nossas capacidades, mais dominamos o assunto e, consequentemente, mais seguros nos sentimos em relação ao que produzimos.

## QUESTIONAR E LEVANTAR PROBLEMAS

Não são as respostas que movem o mundo, são as perguntas.

Só podemos inovar ou mudar o rumo da nossa vida quando percebemos os padrões, as incongruências, os fenômenos ao nosso redor e buscamos os seus porquês.

E não precisa ser um gênio para isso, não! As pequenas conquistas que levaram a grandes avanços foram — e continuam sendo — feitas por pessoas de todas as épocas, todos os lugares, todas as crenças, os gêneros, as cores e as culturas. Pessoas como você, que olharam para o lado ou para o céu, ouviram uma história ou prestaram atenção em alguém, perceberam algo diferente, ou sempre igual, na sua vida e fizeram perguntas do tipo "Por que será?" ou "E se fosse diferente?".

Como a vida começou? E se a Terra não fosse o centro do universo? E se houvesse outras terras do outro lado do oceano? Por que as mulheres não podiam votar? E se o petróleo acabasse? E se as pessoas pudessem voar? Como será a Lua?

E se...? (Olhe ao seu redor e termine a pergunta!)

Atitudes para a vida

## APLICAR CONHECIMENTOS PRÉVIOS A NOVAS SITUAÇÕES

Esta é a grande função do estudo e da aprendizagem: sermos capazes de aplicar o que sabemos fora da sala de aula. E isso não depende apenas do seu livro, da sua escola ou do seu professor; depende da sua atitude também!

Você deve buscar relacionar o que vê, lê e ouve aos conhecimentos que já tem. Todos nós aprendemos com a experiência, mas nem todos percebem isso com tanta facilidade.

Devemos usar os conhecimentos e as experiências que vamos adquirindo dentro e fora da escola como fontes de dados para apoiar as nossas ideias, para prever, entender e explicar teorias ou etapas para resolver cada novo desafio.

## PENSAR E COMUNICAR-SE COM CLAREZA

Pensamento e comunicação são inseparáveis. Quando as ideias estão claras em nossa mente, podemos nos comunicar com clareza, ou seja, as pessoas nos entendem melhor.

Por isso, é importante empregar os termos corretos e mais adequados sobre um assunto, evitando generalizações, omissões ou distorções de informação. Também devemos reforçar o que afirmamos com explicações, comparações, analogias e dados.

A preocupação com a comunicação clara, que começa na organização do nosso pensamento, aumenta a nossa habilidade de fazer críticas tanto sobre o que lemos, vemos ou ouvimos quanto em relação às falhas na nossa própria compreensão, e poder, assim, corrigi-las. Esse conhecimento é a base para uma ação segura e consciente.

## IMAGINAR, CRIAR E INOVAR

Tente de outra maneira! Construa ideias com fluência e originalidade!

Todos nós temos a capacidade de criar novas e engenhosas soluções, técnicas e produtos. Basta desenvolver nossa capacidade criativa.

Pessoas criativas procuram soluções de maneiras distintas. Examinam possibilidades alternativas por todos os diferentes ângulos. Usam analogias e metáforas, se colocam em papéis diferentes.

Atitudes para a vida

Ser criativo é não ser avesso a assumir riscos. É estar atento a desvios de rota, aberto a ouvir críticas. Mais do que isso, é buscar ativamente a opinião e o ponto de vista do outro. Pessoas criativas não aceitam o *status quo*, estão sempre buscando mais fluência, simplicidade, habilidade, perfeição, harmonia e equilíbrio.

## ASSUMIR RISCOS COM RESPONSABILIDADE

Todos nós conhecemos pessoas que têm medo de tentar algo diferente. Às vezes, nós mesmos acabamos escolhendo a opção mais fácil por medo de errar ou de parecer tolos, não é mesmo? Sabe o que nos falta nesses momentos? Informação!

Tentar um caminho diferente pode ser muito enriquecedor. Para isso, é importante pesquisar sobre os resultados possíveis ou os mais prováveis de uma decisão e avaliar as suas consequências, ou seja, os seus impactos na nossa vida e na de outras pessoas.

Informar-nos sobre as possibilidades e as consequências de uma escolha reduz a chance do "inesperado" e nos deixa mais seguros e confiantes para fazer algo novo e, assim, explorar as nossas capacidades.

## PENSAR DE MANEIRA INTERDEPENDENTE

Nós somos seres sociais. Formamos grupos e comunidades, gostamos de ouvir e ser ouvidos, buscamos reciprocidade em nossas relações. Pessoas mais abertas a se relacionar com os outros sabem que juntos somos mais fortes e capazes.

Estabelecer conexões com os colegas para debater ideias e resolver problemas em conjunto é muito importante, pois desenvolvemos a capacidade de escutar, empatizar, analisar ideias e chegar a um consenso. Ter compaixão, altruísmo e demonstrar apoio aos esforços do grupo são características de pessoas mais cooperativas e eficazes.

Estes são 11 dos 16 Hábitos da mente descritos pelos autores Arthur L. Costa e Bena Kallick em seu livro *Learning and leading with habits of mind*: 16 characteristics for success.

Acesse http://www.moderna.com.br/araribaplus para conhecer mais sobre as *Atitudes para a vida*.

## *CHECKLIST* PARA MONITORAR O SEU DESEMPENHO

Reproduza para cada mês de estudo o quadro abaixo. Preencha-o ao final de cada mês para avaliar o seu desempenho na aplicação das *Atitudes para a vida*, para cumprir as suas tarefas nesta disciplina. Em *Observações pessoais*, faça anotações e sugestões de atitudes a serem tomadas para melhorar o seu desempenho no mês seguinte.

Classifique o seu desempenho de 1 a 10, sendo 1 o nível mais fraco de desempenho, e 10, o domínio das *Atitudes para a vida*.

| Atitudes para a vida | Neste mês eu... | Desempenho | Observações pessoais |
|---|---|---|---|
| Persistir | Não desisti. Busquei alternativas para resolver as questões quando as tentativas anteriores não deram certo. | | |
| Controlar a impulsividade | Pensei antes de dar uma resposta qualquer. Refleti sobre os caminhos a escolher para cumprir minhas tarefas. | | |
| Escutar os outros com atenção e empatia | Levei em conta as opiniões e os sentimentos dos demais para resolver as tarefas. | | |
| Pensar com flexibilidade | Considerei diferentes possibilidades para chegar às respostas. | | |
| Esforçar-se por exatidão e precisão | Conferi os dados, revisei as informações e cuidei da apresentação estética dos meus trabalhos. | | |
| Questionar e levantar problemas | Fiquei atento ao meu redor, de olhos e ouvidos abertos. Questionei o que não entendi e busquei problemas para resolver. | | |
| Aplicar conhecimentos prévios a novas situações | Usei o que já sabia para me ajudar a resolver problemas novos. Associei as novas informações a conhecimentos que eu havia adquirido de situações anteriores. | | |
| Pensar e comunicar-se com clareza | Organizei meus pensamentos e me comuniquei com clareza, usando os termos e os dados adequados. Procurei dar exemplos para facilitar as minhas explicações. | | |
| Imaginar, criar e inovar | Pensei fora da caixa, assumi riscos, ouvi críticas e aprendi com elas. Tentei de outra maneira. | | |
| Assumir riscos com responsabilidade | Quando tive de fazer algo novo, busquei informação sobre possíveis consequências para tomar decisões com mais segurança. | | |
| Pensar de maneira interdependente | Trabalhei junto. Aprendi com ideias diferentes e participei de discussões. | | |

Atitudes para a vida